图书馆精选文丛

谈美

朱光潜 著

Copyright © 2021 by SDX Joint Publishing Company.
All Rights Reserved.

本作品版权由生活·读书·新知三联书店所有。
未经许可,不得翻印。

图书在版编目(CIP)数据

谈美/朱光潜著.—北京:生活·读书·新知三联书店,2021.1
(图书馆精选文丛)
ISBN 978-7-108-06992-4

Ⅰ.①谈… Ⅱ.①朱… Ⅲ.①美学 Ⅳ.①B83

中国版本图书馆 CIP 数据核字(2020)第 219409 号

责任编辑	吴 莘
装帧设计	刘 洋
责任印制	肖洁茹
出版发行	生活·讀書·新知 三联书店
	(北京市东城区美术馆东街22号 100010)
网 址	www.sdxjpc.com
经 销	新华书店
印 刷	北京市松源印刷有限公司
版 次	2021年1月北京第1版
	2021年1月北京第1次印刷
开 本	880毫米×1230毫米 1/32 印张 8.5
字 数	137千字
印 数	0,001-6,000册
定 价	38.00元

(印装查询:01064002715;邮购查询:01084010542)

写在前面

朱光潜先生于20世纪二三十年代为青年所作的两种小书,《给青年的十二封信》与《谈美》,在这里合为一册,仍以《谈美》为名。同时收入了夏丏尊和朱自清分别为两书写的序,以及作者在1980年所作的自传,大致交代自己的学问之路。

朱先生青年时代留学英国,曾应国内杂志之约,以中学程度的青年为对象,发表了十二封信,后辑为《给青年的十二封信》。各信以青年们所正在关心或应该关心的事项为话题,比如谈读书、谈作文、谈社会运动、谈升学选课等等。他以聊天似的亲切笔触,以对青年学生的理解、同情和将心比心的态度,给青年谈论修养,指点迷津。如"谈读书"一篇说青年时期养成读书习惯的重要性,在浩繁的书海中如何做选择。朱先生在抒述意见时,有个一贯的出发点,即:

劝青年要从根本上做功夫，勿随世俗图近利。

《谈美》写于《给青年的十二封信》成书的三年之后，仍以书信形式，仍以青年读者为对象，谈艺术与美，但着眼于美化人生，与"十二封信"一脉相承，被称为"第十三封信"。这本美学入门之书，也是"通俗叙述《文艺心理学》的缩写本"，朱先生在聊天的过程中给予读者美的启示、美的教育，引导读者逐步认识美，理解美，掌握美的体系。

在"慢慢走，欣赏啊！"一篇中，朱先生强调"艺术是情趣的活动，艺术的生活也就是情趣丰富的生活"。这种人生的艺术化、情趣化的观点以及"终身愿与青年为友"的心态贯穿朱先生生命的终始。曾经有北大学子在文章中说，高中时到北大玩，途经燕南园，见一位身材矮小的老者，静静坐在青石板上。看到他们走近，老人拄起拐杖，慢慢绕到燕南园残垣之后，隔墙递过一枝盛开的桃花。等他考入北大，才知道那递花的老人，就是朱光潜。也许只有如朱先生般将美学思考浸透整个生命、并有着赤子之心的人，才会不须情由地，将手中的小花，递给一位陌生的年轻人。

生活·讀書·新知三联书店编辑部
2012年9月

目录

给青年的十二封信

序 ………………………………… 夏丏尊 3

一 谈读书 ………………………………… 7
二 谈动 ………………………………… 15
三 谈静 ………………………………… 19
四 谈中学生与社会运动 ………………… 24
五 谈十字街头 ………………………… 30
六 谈多元宇宙 ………………………… 36
七 谈升学与选课 ……………………… 43
八 谈作文 ……………………………… 50
九 谈情与理 …………………………… 55
十 谈摆脱 ……………………………… 67
十一 谈在卢浮宫所得的一个感想 …… 73
十二 谈人生与我 ……………………… 79

附录一　无言之美 …………………… 86
附录二　悼夏孟刚 …………………… 102
代　跋　"再说一句话" ……………… 108

谈　美

序 ………………………………… 朱自清　113

开场话 …………………………………… 118

一　我们对于一棵古松的三种态度 ……… 122
　　——实用的、科学的、美感的

二　"当局者迷，旁观者清" …………… 130
　　——艺术和实际人生的距离

三　"子非鱼，安知鱼之乐？" ………… 139
　　——宇宙的人情化

四　希腊女神的雕像和血色鲜丽的英国姑娘 …… 148
　　——美感与快感

五　"记得绿罗裙，处处怜芳草" ……… 156
　　——美感与联想

六　"灵魂在杰作中的冒险" …………… 164
　　——考证、批评与欣赏

七 "情人眼底出西施" ………………… 173
　　——美与自然

八 "依样画葫芦" …………………… 182
　　——写实主义和理想主义的错误

九 "大人者不失其赤子之心" ………… 191
　　——艺术与游戏

十 空中楼阁 ………………………… 200
　　——创造的想象

十一 "超以象外，得其环中" ………… 208
　　——创造与情感

十二 "从心所欲，不逾矩" …………… 217
　　——创造与格律

十三 "不似则失其所以为诗，似则失其
　　　所以为我" …………………… 225
　　——创造与模仿

十四 "读书破万卷，下笔如有神" …… 233
　　——天才与灵感

十五 "慢慢走，欣赏啊！" …………… 242
　　——人生的艺术化

附　录　作者自传 ………………… 253

给青年的十二封信

序

夏丏尊

这十二封信是朱孟实先生从海外寄来分期在我们同人杂志《一般》上登载过的。《一般》的目的，原思以一般人为对象，从实际生活出发来介绍些学术思想。数年以来，同人都曾依了这目标分头努力。可是如今看来，最好的收获第一要算这十二封信。

这十二封信以有中学程度的青年为对象。并未曾指定某一受信人的姓名，只要是中学程度的青年，就谁都是受信人，谁都应该读一读这十二封信。这十二封信，实是作者远从海外送给国内青年的很好的礼物。作者曾在国内担任中等教师有年，他那笃热的情感，温文的态度，丰富的学殖，无一不使和他接近的青年感服。他的赴欧洲，目的也就在谋中等教育的改进。作者实是一个终身愿与青年为友的志士。信中首称"朋友"，末署"你的朋友"，在深知作者的性行的我看来,这称呼是笼有真实的感情的,决不只是通常的习用套语。

各信以青年们所正在关心或应该关心的事项为话题,作者虽随了各话题抒述其意见,统观全体,却似乎也有一贯的出发点可寻。就是劝青年眼光要深沉,要从根本上做功夫,要顾到自己,勿随了世俗图近利。作者用了这态度谈读书,谈作文,谈社会运动,谈恋爱,谈升学选科等等。无论在哪一封信上,字里行间,都可看出这忠告来。其中如在《谈在卢浮宫所得的一个感想》一信里,作者且郑重地把这态度特别标出了说:"假如我的十二封信对于现代青年能发生毫末的影响,我尤其虔心默祝这封信所宣传的超'效率'的估定价值的标准能印入个个读者的心孔里去;因为我所知道的学生们,学者们和革命家们都太贪容易,太浮浅粗疏,太不能深入,太不能耐苦,太类似美国旅行家看《蒙娜·丽莎》了。"

"超效率!"这话在急于近利的世人看来,也许要惊为太高蹈的论调了。但一味亟于效率,结果就会流于浅薄粗疏,无可救药。中国人在全世界是被推为最重实用的民族的,凡事都怀一个极近视的目标:娶妻是为了生子,养儿是为了防老,行善是为了福报,读书是为了做官，不称入基督教的为基督教信者而称为"吃基督教"的，不称投身国事的军士为军人而称为"吃粮"的。流弊所至，在中国，什么都只是吃饭的工具，什么都实用，因之，就什么都浅薄。试就学校教育的现状看吧：坏的呢，教师目的但在地位、薪水，学生目的但在文凭资格；较好的呢，教师想把学生嵌入某种预定的铸型去，学生想怎样揣摩世尚毕业后去问世谋事。在真正的教育面前，总之都免不掉浅薄粗疏。效率原是要顾的，但只顾效率，究竟是蠢事。青年为国家社会的生力军，如果不从根本上培养能力，凡事近视，贪浮浅的近利，一味袭蹈时下陋习，结果纵不至于"一蟹不如一蟹"，亦止是一蟹仍如一蟹而已。国家社会还有什么希望可说。

"太贪容易，太浮浅粗疏，太不能深入，太不能耐苦"，作者对于现代青年的毛病，曾这样慨乎言之。征之现状，不禁同感。作者去国已好几年了，依据消息，尚能分明地记得起青年的病象，则青年的受病之重，也就可知。

这十二封信啊，愿对于现在的青年，有些力量！

1929 年元旦书于白马湖平屋

"Where my heart lies, let my brain lie also."

——R. Browning: *One Word More*

一 谈读书

朋友：

中学课程很多，你自然没有许多时间去读课外书。但是你试抚心自问：你每天真抽不出一点钟或半点钟的功夫吗？如果你每天能抽出半点钟，你每天至少可以读三四页，每月可以读一百页，到了一年也就可以读四五本书了。何况你在假期中每天断不会只能读三四页呢？你能否在课外读书，不是你有没有时间的问题，是你有没有决心的问题。

世间有许多人比你忙得多。许多人的学问都在忙中做成的。美国有一位文学家、科学家和革命家富兰克林，幼时在印刷局里做小工，他的书都是在做工时抽暇读的。不必远说，你应该还记得，国父孙中山先生，难道你比那一位奔走革命席不暇暖的老人家还要忙些吗？他生平无论忙到什么地步，没有一天不偷暇读几页书。你只要看他的《建国方略》和《孙文学说》,你便知道他不仅是一个政治家,而且还是一个学者。不读书讲革命,不知道"光"的所在,只是窜头乱撞,终难成功。这个道理,孙先生懂得最清楚的,所以他的学说特别重"知"。

人类学问逐天进步不止,你不努力跟着跑,便落伍退后,这固不消说。尤其要紧的是养成读书的习惯,是在学问中寻出一种兴趣。你如果没有一种正常嗜好,没有一种在闲暇时可以寄托你的心神的东西,将来离开学校去做事,说不定要被恶习惯引诱。你不看见现在许多叉麻雀抽鸦片的官僚们绅商们乃至教员们,不大半由学生出身吗?你慢些鄙视他们,临到你来,再看看你的成就吧!但是你如果在读书中寻出一种趣味,你将来抵抗引诱的能力比别人定要大些。这种兴趣你现在不能寻出,将来永不会寻出的。凡人都越老越麻木,你现在已比不上三五岁的小孩子那样好奇、那样兴味淋漓了。你长大一岁,你感觉兴味的锐敏力便迟钝一分。达尔文在自传里曾经说过,他幼时颇好文学和音乐,壮时因为研究生物学,把文学和音乐都丢开了,到老来他再想拿诗歌来消遣,便寻不出趣味来了。兴味要在青年时设法培养,过了正常时节,便会萎谢。比方打网球,你在中学时欢喜打,你到老都欢喜打。假如你在中学时代错过机会,后来要发愿去学,比登天还要难十倍。养成读书习惯也是这样。

你也许说,你在学校里终日念讲义看课本不就是读书吗?讲义课本着意在平均发展基本知识,固亦不可不读。但是你如果以为念讲义看课本,便尽读书之能事,就是大错特错。第一,学校功课门类虽多,而范围究极窄狭。你的天才也许与学校所有功课都不相近,自己在课外研究,去发见自己性之所近的学问。再比方你对于某种功课不感兴趣,这也许并非由于性不相近,只是规定课本不合你的口胃。你如果能自己在课外发见好书籍,你对于那种功课的兴趣也许就因而浓厚起来了。第二,念讲义看课本,免不掉若干拘束,想藉此培养兴趣,颇是难事。比方有一本小说,平时自由拿来消遣,觉得多么有趣,一旦把它拿来当课本读,用预备考试的方法去读,便不免索然寡味了。兴趣要逍遥自在地不受拘束地发展,所以为培养读书兴趣起见,应该从读课外书入手。

书是读不尽的,就读尽也是无用,许多书没有一读的价值。你多读一本没有价值的书,便丧失可读一本有价值的书的时间和精力；所以你须慎加选择。你自己自然不会选择，须去就教于批评家和专门学者。我不能告诉你必读的书，我能告诉你不必读的书。许多人曾抱定宗旨不读现代出版的新书。因为许多流行的新书只是迎合一时社会心理，实在毫无价值，经过时代淘汰而巍然独存的书才有永久性，才值得读一遍两遍以至于无数遍。我不敢劝你完全不读新书，我却希望你特别注意这一点，因为现代青年颇有非新书不读的风气。别的事都可以学时髦，惟有读书做学问不能学时髦。我所指不必读的书，不是新书，是谈书的书，是值不得读第二遍的书。走进一个图书馆，你尽管看见千卷万卷的纸本子，其中真正能够称为"书"的恐怕还难上十卷百卷。你应该读的只是这十卷百卷的书。在这些书中间，你不但可以得较真确的知识，而且可以于无形中吸收大学者治学的精神和方法。这些书才能撼动你的心灵，激动你的思考。其他像"文学大纲"、"科学大纲"以及杂志报章上的书评，实在都不能供你受用。你与其读千卷万卷的诗集，不如读一部《国风》或《古诗十九首》，你与其读千卷万卷谈希腊哲学的书籍，不如读一部柏拉图的《理想国》。

你也许要问我像我们中学生究竟应该读些什么书

呢？这个问题可不易回答。你大约还记得北平《京报·副刊》曾征求"青年必读书十种"，结果有些人所举十种尽是几何、代数，有些人所举十种尽是《史记》、《汉书》。这在旁人看起来似近于滑稽，而应征的人却各抱有一番大道理。本来这种征求的本意，求以一个人的标准做一切人的标准，好像我只喜欢吃面，你就不能吃米，完全是一种错误见解。各人的天资、兴趣、环境、职业不同，你怎么能定出万应灵丹似的十种书，供天下无量数青年读之都能感觉同样趣味，发生同样效力？

我为了写这封信给你，特地去调查了几个英国公共图书馆。他们的青年读物部最流行的书可以分为四类：（一）冒险小说和游记，（二）神话和寓言，（三）生物故事，（四）名人传记和爱国小说。就中代表的书籍是凡尔纳的《八十天环游地球》（Jules Verne：*Around the World in Eighty Days*）和《海底二万里》（*Twenty Thousand Leagues under the Sea*），笛福的《鲁滨孙飘流记》（Defoe：*Robinson Crusoe*），大仲马的《三剑客》（A. Dumas：*Three Musketeers*），霍桑的《奇书》和《丹谷闲话》（Hawthorne：*Wonder Book and Tangle Wood Tales*），金斯利的《希腊英雄传》

（Kingsley：*Heroes*），法布尔的《鸟兽故事》（Fabre：*Story Book of Birds and Beasts*），安徒生的《童话》（Andersen：*Fairy Tales*），骚塞的《纳尔逊传》（Southey：*Life of Nelson*），房龙的《人类故事》（Vanloon：*The story of Mankind*）之类。这些书在国外虽流行，给中国青年读，却不十分相宜。中国学生们大半是少年老成，在中学时代就欢喜像煞有介事的谈一点学理。他们——你和我自然都在内——不仅欢喜谈谈文学，还要研究社会问题，甚至于哲学问题。这既是一种自然倾向，也就不能漠视，我个人的见解也不妨提起和你商量商量。十五六岁以后的教育宜注重发达理解，十五六岁以前的教育宜注重发达想象。所以初中的学生们宜多读想象的文字，高中的学生才应该读含有学理的文字。

谈到这里，我还没有答复应读何书的问题。老实说，我没有能力答复，我自己便没曾读过几本"青年必读书"，老早就读些壮年必读书。比方在中国书里，我最欢喜《国风》、《庄子》、《楚辞》、《史记》、《古诗源》、《文选》中的书笺、《世说新语》、《陶渊明集》、《李太白集》、《花间集》、张惠言《词选》、《红楼梦》等等。在外国书里，我最欢喜济慈（Keats）、雪莱（Shelly）、柯尔律治（Coleridge）、布朗宁（Browning）诸人的诗集，索福克勒斯（Sophocles）的七悲剧，莎士比亚的《哈姆雷特》（Shakespeare：*Hamlet*）、《李尔王》（*King Lear*）和《奥赛罗》（*Othello*），歌德的《浮士德》（Goethe：*Fasuts*），易卜生（Ibsen）的戏剧集，屠格涅夫（Turgenef）的《处女地》（*Virgin Soil*）和《父与子》（*Fathers and Children*），陀思妥耶夫斯基的《罪与罚》（Dostoyevsky：*Crime and Punishment*），福楼拜的《包法利夫人》（Flaubert：*Madame Bovary*），莫泊桑（Maupassant）的小说集，小泉八云（Lafcadio Hearn）关于日本的著作等等。如果我应北平《京报·副刊》的征求，也许把这些古董洋货捧上，凑成"青年必读书十种"。但是我知道这是荒谬绝伦。所以我现在不敢答复你应该读何书的问题。你如果要知道，你应该去请教你所知的专门学者，请他们各就自己所学范围以内指定三两种青年可读的书。你如果请一个人替你面面俱到地设想，比方他是学文学的人，他也许明知青年必读书应含有社会问题、科学常识等等，而自己又没甚把握，姑且就他所知的一两种拉来凑数，你就像问道于盲了。同时，你要知道读书好比探险，也不能全靠别人指导，你自己也须得费些功夫去搜求。我从来没有听见有人按照别人替他定的"青年必读书十种"或"世界名著百种"读下去，便成就一个学者。别人只能介绍，抉择还要靠你自己。

关于读书方法。我不能多说，只有两点须在此约略提起。第一，凡值得读的书至少须读两遍。第一遍须快读，着眼在醒豁全篇大旨与特色。第二遍须慢读，须以批评态度衡量书的内容。第二，读过一本书，须笔记纲要和精彩的地方以及你自己的意见。记笔记不特可以帮助你记忆，而且可以逼得你仔细，刺激你思考。记着这两点，其他琐细方法便用不着说。各人天资习惯不同，你用那种方法收效较大，我用那种方法收效较大，不是一概论的。你自己终究会找出你自己的方法，别人决不能给你一个方单，使你可以"依法炮制"。

你嫌这封信太冗长了吧？下次谈别的问题，我当力求简短。再会！

你的朋友　孟实

二 谈　　动

朋友：

从屡次来信看，你的心境近来似乎很不宁静。烦恼究竟是一种暮气，是一种病态，你还是一个十八九岁的青年，就这样颓唐沮丧，我实在替你担忧。

一般人欢喜谈玄，你说烦恼，他便从"哲学辞典"里拖出"厌世主义"、"悲观哲学"等等堂哉皇哉的字样来叙你的病由。我不知道你感觉如何？我自己从前仿佛也尝过烦恼的况味，我只觉得忧来无方，不但人莫之知，连我自己也莫名其妙，哪里有所谓哲学与人生观！我也些微领过哲学家的教训：在心气和平时，我景仰希腊廊下派哲学者，相信人生当皈依自然，不当存有嗔喜贪恋；我景仰托尔斯泰，相信人生之美在宥与爱；我景仰布朗宁，相信世间有丑才能有美，不完全乃真完全；然而外感偶来，心波立涌，拿天大的哲学，也抵挡不住。这固然是由于缺乏修养，但是青年们有几个修养到"不动心"的地步呢？从前长辈们往往拿"应该不应该"的大道理向我说法。他们说，像我这样一个青年应该活泼泼的，不应该暮气沉沉的，应该努力做学问，不应该把自己的忧乐放在心头。谢谢吧，请留着这副"应该"的方剂，将来患烦恼的人还多呢！

朋友，我们都不过是自然的奴隶，要征服自然，只得服从自然。违反自然，烦恼才乘虚而入，要排解烦闷，也须得使你的自然冲动有机会发泄。人生来好动，好发展，好创造。能动，能发展，能创造，便是顺从自然，便能享受快乐；不动，不发展，不创造，便是摧残生机，便不免感觉烦恼。这种事实在流行语中就可以见出，我们感觉快乐时说"舒畅"，感觉不快乐时说"抑郁"。这两个字样可以用作形容词，也可以用作动词。用作形容词时，它们描述快或不快的状态；用作动词时，我们可以说它们说明快或不快的原因。你感觉烦恼，因为你的生机被抑郁；你要想快乐，须得使你的生机能舒畅，能宣泄。流行语中又有"闲愁"的字样，闲人大半易于发愁，就因为闲时生机静止而不舒畅。青年人比老年人易于发愁些，因为青年人的生机比较强旺。小孩子们的生机也很强旺，然而不知道愁苦，因为他们时时刻刻地游戏，所以他们的生机不至于被抑郁。小孩子们偶尔不很乐意，便放声大哭，哭过了气就消去。成人们感觉烦恼时也还要拘礼节，哪能由你放声大哭呢？黄连苦在心头，所以愈觉其苦。歌德少时因失恋而想自杀，幸而他的文机动了，埋头两礼拜著成一部《少年维特之烦恼》，书成了，他的气也泄了，自杀的念头也打消了。你发愁时并不一定要著书，你就读几篇哀歌，听一幕悲剧，借酒浇愁，也可以大畅胸怀。从前我很疑惑何以剧情愈悲而读之愈觉其快意，近来才悟得这个泄与郁的道理。

　　总之，愁生于郁，解愁的方法在泄；郁由于静止，求泄的方法在动。从前儒家讲心性的话，从近代心理学眼光看，都很粗疏，只有孟子的"尽性"一个主张，含义非常深广。一切道德学说都不免肤浅，如果不从"尽性"的基点出发。如果把"尽性"两字懂得透彻，我以为生活目的在此，生活方法也就在此。人性固然是复杂的，可是人是动物，基本性不外乎动。从动的中间我们可以寻出无限快感。这个道理我可以拿两件小事来印证：从前我住在家里，自己的书房总欢喜自己打扫。每看到书籍零乱，灰尘满地，你亲自去洒扫一过,霎时间混浊的世界变成明窗净几,此时悠然就坐,游目骋怀,乃觉有不可言喻的快慰。再比方你自己是欢喜打网球的,当你起劲打球时,你还记得天地间有所谓烦恼吗?

你大约记得晋人陶侃的故事。他老来罢官闲居,找不得事做,便去搬砖。晨间把一百块砖由斋里搬到斋外,暮间把一百块砖由斋外搬到斋里。人问其故,他说:"吾方致力中原,过尔优逸,恐不堪事。"他又尝对人说:"大禹圣人,乃惜寸阴,至于众人,当惜分阴。"其实惜阴何必定要搬砖,不过他老先生还很茁壮,借这个玩意儿多活动活动,免得抑郁无聊罢了。

朋友,闲愁最苦!愁来愁去,人生还是那么样一个人生,世界也还是那么样一个世界。假如把自己看得伟大,你对于烦恼,当有"不屑"的看待;假如把自己看得渺小,你对于烦恼当有"不值得"的看待;我劝你多打网球,多弹钢琴,多栽花木,多搬砖弄瓦。假如你不喜欢这些玩意儿,你就谈谈笑笑,跑跑跳跳,也是好的。就在此祝你

  谈谈笑笑,

  跑跑跳跳!

你的朋友 孟实

三 谈 静

朋友：

前信谈动，只说出一面真理。人生乐趣一半得之于活动，也还有一半得之于感受。所谓"感受"是被动的，是容许自然界事物感动我的感官和心灵。这两个字涵义极广。眼见颜色，耳闻声音，是感受；见颜色而知其美，闻声音而知其和，也是感受。同一美颜，同一和声，而各个人所见到的美与和的程度又随天资境遇而不同。比方路边有一棵苍松，你看见它只觉得可以砍来造船；我见到它可以让人纳凉；旁人也许说它很宜于入画，或者说它是高风高节的象征。再比方街上有一个乞丐，我只能见到他的蓬头垢面，觉得他很讨厌；你见他便发慈悲心，给他一个铜子；旁人见到他也许立刻发下宏愿，要打翻社会制度。这几个人反应不同，都由于感受力有强有弱。

世间天才之所以为天才，固然由于具有伟大的创造力，而他的感受力也分外比一般人强烈。比方诗人和美术家，你见不到的东西他能见到，你闻不到的东西他能闻到。麻木不仁的人就不然，你就请伯牙向他弹琴，他也只联想到棉匠弹棉花。感受也可以说是"领略"，不过领略只是感受的一方面。世界上最快活的人不仅是最活动的人，也是最能领略的人。所谓领略，就是能在生活中寻出趣味。好比喝茶，渴汉只管满口吞咽，会喝茶的人却一口一口地细啜，能领略其中风味。

能处处领略到趣味的人决不至于岑寂，也决不至于烦闷。朱子有一首诗说："半亩方塘一鉴开，天光云影共徘徊，问渠哪得清如许？为有源头活水来。"这是一种绝美的境界。你姑且闭目一思索，把这幅图画印在脑里，然后假想这半亩方塘便是你自己的心，你看这首诗比拟人生苦乐多么惬当！一般人的生活干燥，只是因为他们的"半亩方塘"中没有天光云影，没有源头活水来，这源头活水便是领略得的趣味。

领略趣味的能力固然一半由于天资，一半也由于修养。大约静中比较容易见出趣味。物理上有一条定律说：两物不能同时并存于同一空间。这个定律在心理方面也可以说得通。一般人不能感受趣味，大半因为心地太忙，不空所以不灵。我所谓"静"，便是指心界的空灵，不是指物界的沉寂，物界永远不沉寂的。你的心境愈空灵，你愈不觉得物界沉寂，或者我还可以进一步说，你的心界愈空灵，你也愈不觉得物界喧嘈。所以习静并不必定要逃空谷，也不必定学佛家静坐参禅。静与闲也不同。许多闲人不必都能领略静中趣味，而能领略静中趣味的人，也不必定要闲。在百忙中，在尘世喧嚷中，你偶然丢开一切，悠然遐想，你心中便蓦然似有一道灵光闪烁，无穷妙悟便源源而来。这就是忙中静趣。

我这番话都是替两句人人知道的诗下注脚。这两句诗就是"万物静观皆自得，四时佳兴与人同。"大约诗人的领略力比一般人都要大。近来看周启孟的《雨天的书》引日本人小林一茶的一首俳句：

"不要打哪，苍蝇搓他的手，搓他的脚呢，"觉得这种情境真是幽美。你懂得这一句诗就懂得我所谓静趣。中国诗人到这种境界的也很多。现在姑且就一时所想到的写几句给你看：

鱼戏莲叶东，鱼戏莲叶西，鱼戏莲叶南，鱼

戏莲叶北。　　　　　　——古诗，作者姓名佚

山涤余霭，宇暧微霄。有风自南，翼彼新苗。　　　　　　——陶渊明《时运》

采菊东篱下，悠然见南山。山气日夕佳，飞鸟相与还。　　　　　　——陶渊明《饮酒》

目送归鸿，手挥五弦。俯仰自得，游心太玄。　　　　　　——嵇叔夜《送秀才从军》

倚仗柴门外，临风听暮蝉。渡头余落日，墟里上孤烟。　　　　　　——王摩诘《赠斐迪》

像这一类描写静趣的诗，唐人五言绝句中最多。你只要仔细玩味，你便可以见到这个宇宙又有一种景象，为你平时所未见到的。梁任公的《饮冰室文集》里有一篇谈"烟士披里纯"① 詹姆斯②的《与教员学生谈话》（James：*Talks to Teachers and Students*）里面有三篇谈人生观，关于静趣都说得很透辟。可惜此时这两部书都不在手边，不能录几段出来给你看。你最好自己到图书馆里去查阅。詹姆斯的《与教员学生

---

① Inspiration，意为灵感。
② William James，19世纪末美国本土第一位哲学家和心理学家，也是教育学家。

谈话》那三篇文章（最后三篇）尤其值得一读，记得我从前读这三篇文章，很受他感动。

　　静的修养不仅是可以使你领略趣味，对于求学处事都有极大帮助。释迦牟尼在菩提树阴静坐而证道的故事，你是知道的。古今许多伟大人物常能在仓皇扰乱中雍容应付事变，丝毫不觉张皇，就因为能镇静。现代生活忙碌，而青年人又多浮躁。你站在这潮流里，自然也难免跟着旁人乱嚷。不过忙里偶然偷闲，闹中偶然觅静，于身于心，都有极大裨益。你多在静中领略些趣味，不特你自己受用，就是你的朋友们看着你也快慰些。我生平不怕呆人，也不怕聪明过度的人，只是对着没有趣味的人，要勉强同他说应酬话，真是觉得苦也。你对着有趣味的人，你并不必多谈话，只是默然相对，心领神会，便可觉得朋友中间的无上至乐。你有时大概也发生同样感想吧？

　　眠食诸希珍重！

你的朋友　孟实

四　谈中学生与社会运动

朋友：

　　第一信曾谈到，孙中山先生知难行易的学说，和不读书而空谈革命的危险。这个问题有特别提出讨论的必要，所以再拿它来和你商量商量。

　　你还记得叶楚伧先生的演讲吧？他说，如今中国在学者只言学，在工者只言工，在什么者只言什么，结果弄得没有一个在国言国的人，而国事之糟，遂无人过问。叶先生在这里只主张在学者应言国，却未明言在国亦必言学。恽代英先生更进一步说，中国从孔孟二先生以后，读过两千几百年的书，讲过两千几百年的道德，仍然无补国事，所以读书讲道德无用，一切青年都必须加入战线去革命。这是一派的主张。

　　同时你也许见过前几年的上海大同大学的章程，里面有一条大书特书："本校主张以读书救国，凡好参加爱国运动者不必来！"这并不是大同大学的特有论调，凡遇学潮发生，你走到一个店铺里，或是坐在一个校务会议席上，你定会发现大家所窃窃私语，引为深忧的都不外"学生不读书，而好闹事"一类的话。因为这是可以深忧的，教育部所以三令五申，"整顿学风！"这又是一派的主张。

叶、恽诸先生们是替某党宣传的。你知道我无党籍，而却深信中国想达民治必经党治。所以我如果批评叶、恽二先生，非别有用意，乃责备贤者，他们在青年中物望所系，出言不慎，便不免贻害无穷。比方叶先生的话就有许多语病。国家是人民组合体，在学者能言学，在工者能言工，在什么者能言什么，合而言之，就是在国言国。如今中国弊病就在在学者不言学，在工者不言工，大家都抛弃分内事而空谈爱国。结果学废工弛，而国也就不能救好，这是显然的事实。恽先生从中国历史证明读书无用，也颇令人怀疑。法国革命单是丹东、罗伯斯庇尔的功劳，而卢梭、伏尔泰没有影响吗？思想革命成功，制度革命才能实现。辛亥革命还未成功，是思想革命未成功，这是大家应该承认的。

中国人蜂子孵蛆的心理太重，只管诱劝人"类我类我"。比方我喜欢谈国事，就藐视你读书；你欢喜读书，就藐视我谈国事。其实单面锣鼓打不成闹台戏。要撑起中国场面也要生旦净丑角俱全。我们对于鼓吹青年都抛开书本去谈革命的人，固不敢赞同，而对于悬参与爱国运动为厉禁的学校也觉得未免矫枉过正。学校与社会绝缘，教育与生活绝缘，在学理上就说不通。若谈事实，则这一代的青年，这一代的领袖，此时如果毫无准备，想将来理乱不问的书生一旦会变成措置咸宜的社会改造者，也是痴人妄想。固然，在秩序安宁的国家里，所谓"天下有道，则庶人不议"，用不着学生去干预政治。可是在目前中国，又另有说法：民众未觉醒，舆论未成立，教育界中人本良心主张去监督政府，也并不算越职。总而言之，救国读书都不可偏废。蔡孑民先生说："读书不忘救国，救国不忘读书"，这两句话是青年人最稳妥的座右铭。

所谓救国，并非空口谈革命所可了事。我们跟着社会运动家喊"打倒军阀"，"打倒帝国主义"，力已竭，声已嘶了。而军阀淫威既未稍减，帝国主义的势力也还在扩张。朋友，空口呐喊大概有些靠不住吧？北方人奚落南方人，往往说南方人打架，双方都站在自家门里摩拳擦掌对骂，你说："你来，我要打杀你这个杂种！"我说："我要送你这条狗命见阎王。"结果半拳不挥，一哄而散。住在租界谈革命的人不也是这样空摆威风吗？

五四以来，种种运动只在外交方面稍生微力。但是你如果把这点微力看得了不得的重要，那你就未免自欺。"夫人必自侮，而后人侮之。""自侮"的成分一日不灭绝，你一日不能怪人家侮你。你应该回头看看你自己是什么样的一个人，看看政府是什么样的一个政府，看看人民是什么样的一个人民。向外人争"脸"固然要紧；可是你切莫要因此忘记你自己的家丑！

家丑如何洗得清？我从前想，要改造中国，应由下而上，由地方而中央，由人民而政府，由部分而全体，近来觉得这种见解不甚精当，国家是一种有机体，全体与部分都息息相关，所以整顿中国，由中央而地方的改革，和由地方而中央的改革须得同时并进。不过从前一般社会运动家大半太重视国家大政，太轻视乡村细务了。我们此后应该排起队伍，"向民间去"。

我记得在香港听孙中山先生谈他当初何以想起革

命的故事。他少年时在香港学医，喜欢在外面散步，他觉得香港街道既那样整洁，他香山县的街道就不应该那样污秽。他回到香山县，就亲自去打扫，后来居然把他们门前的街道打扫干净了。他因而想到一切社会上的污浊，都应该可以如此清理。这才是真正革命家！别人不管，我自己只能做小事。别人鼓吹普及教育，我只提起粉笔诚诚恳恳地当一个中小学教员；别人提倡国货，我只能穿起土布衣到乡下去办一个小工厂；别人喊打倒军阀，我只能苦劝我的表兄不为非作歹；别人发电报攻击贿选，吾侪小人，发电报也没有人理会，我只能集合同志出死力和地方绅士奋斗，不叫买票卖票的事在我自己乡里发生。大事小事都要人去做。我不敢说别人做的不如我做的重要。但是别人如果定要拉我丢开这些末节去谈革命，我只能敬谢不敏（屠格涅夫《父与子》里那位少年虚无党临死时所说的话，最使我感动，可惜书不在身旁，不能抄译给你看，你自己寻去吧）。

　　总而言之，到民间去！要到民间去，先要把学生架子丢开。我记得初进中学时，有一天穿着短衣出去散步，路上遇见一个老班同学，他立刻就竖起老班的喉嗓子问我："你的长衫到哪里去了？"教育尊严，哪有学生出门而不穿长衫子？街上人看见学生不穿长衣，还成什么体统？我那时就逐渐觉得些学生的尊严了。有时提起篮子去买菜，也不免羞羞涩涩的，此事虽小，可以喻大。现在一般青年的心理大半都还没根本改变。学生自成一种特殊阶级，把社会看成待我改造的阶级。这种学者的架子早已御人于千里之外，还谈什么社会运动？你尽管说运动，社会却不敢高攀，受你的运动。这不是近几年的情形吗？

　　老实说，社会已经把你我看成眼中钉了。这并非完全是社会的过处。现在一般学生，有几个人配谈革命？吞剥捐款聚赌宿娼的是否没曾充过代表，赴国大会？勾结绅士政客以捣乱学校的是否没曾谈过教育尊严？向日本政府立誓感恩以分润庚子赔款的，是否没曾喊过打倒帝国主义？其实，社会还算是客气，他们如要提笔写学生罪状，怕没有材料吗？你也许说，任何团体都有少数败类，不能让全体替少数人负过。但是青年人都有过于自觉的幻觉。在你谈爱国谈革命以前，你总应该默诵几声"君子求诸己！"

　　话又说长了，再见吧！

你的朋友　孟实

五　谈十字街头

朋友：

岁暮天寒，得暇便围炉嘘烟遐想。今日偶然想到日本厨川白村的《出了象牙之塔》和《走向十字街头》两部书，觉得命名大可玩味。玩味之余，不觉发生一种反感。

所谓《走向十字街头》有两种解释。从前学士大夫好以清高名贵相尚，所以力求与世绝缘，冥心孤往。但是闭户读书的成就总难免空疏虚伪。近代哲学与文艺都逐渐趋向写实，于是大家都极力提倡与现实生活接触。世传苏格拉底把哲学从天上搬到地下，这是“走向十字街头”的一种意义。

学术思想是天下公物，须得流布人间，以求雅俗共赏。威康·莫里斯和托尔斯泰所主张的艺术民众化，叔琴先生在《一般》诞生号中所主张的特殊的一般化，爱迪生所谓把哲学从课室、图书馆搬到茶寮客座，这是"走向十字街头"的另一意义。

这两种意义都含有极大的真理。可是在这"德谟克拉西"①呼声极高的时代，大家总不免忘记关于十字街头的另一面真理。

十字街头的空气中究竟含有许多腐败剂，学术思想出了象牙之塔到了十字街头以后，一般化的结果常不免流为俗化（vulgarized）。昨日的殉道者，今日或成为市场偶像，而真纯面目便不免因之污损了。到了市场而不成为偶像，成偶像而不至于破落，都是很难的事。老庄经过流俗化以后，其结果乃为白云观以静坐骗铜子的道士。易学经过流俗化以后，其结果乃为街头摆摊卖卜的江湖客。佛学经过流俗化以后，其结果乃为祈财求子的三姑六婆和秃头肥脑的蠢和尚。这都是世人所共见周知的。不必远说，且看西方科学哲学和文学落到时下一般打学者冒牌的人手里，弄得成何体统！

寂居文艺之宫，固然会像不流通的清水，终久要变成污浊恶臭的。可是十字街头的叫嚣，十字街头的

---

① Democracy，意为民主。

尘粪，十字街头的挤眉弄眼，都处处引诱你汩没自我。臣门如市，臣心就决不能如水。名利声势虚伪刻薄肤浅欺侮等等字样，听起来多么刺耳朵，实际上谁能摆脱得净尽？所以站在十字街头的人们——尤其是你我青年们——要时时戒备十字街头的危险，要时时回首瞻顾象牙之塔。

十字街头上握有最大权威的是习俗。习俗有两种，一为传说（Tradition），一为时尚（Fashion）。儒家的礼教，五芝斋的馄饨，是传说；新文化运动，四马路的新装，是时尚。传说尊旧，时尚趋新，新旧虽不同，而盲从附和，不假思索，则根本无二致。社会是专制的，是压迫的，是不容自我伸张的。比方九十九个人守贞节，你一个人偏要不贞，你固然是伤风败俗，大逆不道；可是如果九十九个人都是娼妓，你一个人偏要守贞节，你也会成为社会公敌，被人唾弃的。因此，苏格拉底所以饮鸩，伽利略所以被教会加罪，罗曼·罗兰、罗素所以在欧战期中被人谩骂。

本来风化习俗这件东西，孽虽造得不少，而为维持社会安宁计，却亦不能尽废。人与人相接触，问题就会发生。如果世界只有我，法律固为虚文，而道德也便无意义。人类须有法律道德维持。固足证其顽劣；然而人类既顽劣，道德法律也就不能勾销。所以老庄上德不德、绝圣弃智的主张，理想虽高，而究不适于顽劣的人类社会。

习俗对于维持社会安宁，自有相当价值，我们是不能否认的。可是以维持安宁为社会唯一目的，则未免大错特错。习俗是守旧的，而社会则须时时翻新，才能增长滋大，所以习俗有时时打破的必要。人是一种贱动物，只好模仿因袭，不乐改革创造。所以维持固有的风化，用不着你费力。你让它去，世间自有一般庸人懒人去担心。可是要打破一种习俗，却不是一件易事。物理学上仿佛有一条定律说，凡物既静，不加力不动。而所加的力必比静物的惰力大，才能使它动。打破习俗，你须以一二人之力，抵抗千万人之惰力，所以非有雷霆万钧的力量不可。因此，习俗的背叛者比习俗的顺从者较为难能可贵，从历史看，社会进化，都是靠着几个站在十字街头而能向十字街头宣战的人。这般人的报酬往往不是十字架，就是断头台。可是世间只有他们才是不朽，倘若世界没有他们这些殉道者，人类早已为乌烟瘴气闷死了。

一种社会所最可怕的不是民众肤浅顽劣，因为民众通常都是肤浅顽劣的。它所最可怕的是没有在肤浅卑劣的环境中而能不肤浅不卑劣的人。比方英国民众就是很沉滞顽劣的，然而在这种沉滞顽劣的社会中，偶尔跳出一二个性坚强的人，如雪莱、卡莱尔、罗素等，其特立独行的胆与识，却非其他民族所可多得。这是英国人力量所在的地方。路易·狄更生曾批评日本，说她是一个没有柏拉图和亚里士多德的希腊，所以不能造伟大的境界。据生物学家说，物竞天择的结果不能产生新种，须经突变（sports）。所谓突变，是指不像同种的新裔。社会也是如此，它能否生长滋大，就看它有无突变式的分子；换句话说，就看十字街头的矮人群中有没有几个大汉。

　　说到这点，我不能不替我们中国人汗颜了。处人胯下的印度还有一位泰戈尔和一位甘地，而中国满街只是一些打冒牌的学者和打冒牌的社会运动家。强者狂然叫嚣，弱者随声附和，旧者盲从传说，新者盲从时尚，相习成风，每况愈下，而社会之浮浅顽劣虚伪酷毒，乃日不可收拾。在这个当儿，站在十字街头的我们青年怎能免彷徨失措？朋友，昔人临歧而哭，假如你看清你面前的险径，你会心寒胆裂哟！围着你的全是肤浅顽劣虚伪酷毒，你只有两种应付方法：你只有和它冲突，要不然，就和它妥洽。在现时这种状况之下，冲突就是烦恼，妥洽就是堕落。无论走哪一条路，结果都是悲剧。

但是，朋友，你我正不必因此颓丧！假如我们的力量够，冲突结果，也许是战胜。让我们相信世界达真理之路只有自由思想，让我们时时记着十字街头肤浅虚伪的传说和时尚都是真理路上的障碍，让我们本着少年的勇气把一切市场偶像打得粉碎！

最后，打破偶像，也并非鲁莽叫嚣所可了事。鲁莽叫嚣还是十字街头的特色，是肤浅卑劣的表征。我们要能于叫嚣扰攘中：以冷静态度，灼见世弊；以深沉思考，规划方略；以坚强意志，征服障碍。总而言之，我们要自由伸张自我，不要汩没在十字街头的影响里去。

朋友，让我们一齐努力吧！

你的朋友　孟实

六　谈多元宇宙

朋友：

你看到"多元宇宙"这个名词，也许联想到詹姆斯的哲学名著。但是你不用骇怕我谈玄，你知道我是一个不懂哲学而且厌听哲学的人。今天也只是吃家常便饭似的，随便谈谈，与詹姆斯毫无关系。

年假中朋友们来闲谈，"言不及义"的时候，动辄牵涉到恋爱问题。各人见解不同，而我所援以辩护恋爱的便是我所谓"多元宇宙"。

什么叫做"多元宇宙"呢？

人生是多方面的，每方面如果发展到极点，都自有其特殊宇宙和特殊价值标准。我们不能以甲宇宙中的标准，测量乙宇宙中的价值。如果勉强以甲宇宙中的标准，测量乙宇宙中的价值，则乙宇宙便失其独立性，而只在乙宇宙中可尽量发展的那一部分性格便不免退处于无形。

各人资禀经验不同，而所见到的宇宙，其种类多寡，量积大小，也不一致。一般人所以为最切己而最推重的是"道德的宇宙"。"道德的宇宙"是与社会俱生的。如果世间只有我，"道德的宇宙"便不能成立。比方没有父母，便无孝慈可言，没有亲友，便无信义可言。人与人相接触以后，然后道德的需要便因之而起。人是社会的动物，而同时又秉有反社会的天性。想调剂社会的需要与利己的欲望，人与人中间的关系不能不有法律道德为之维护。因有法律存在，我不能以利己欲望妨害他人，他人也不能以利己欲望妨害我，于是彼此乃宴然相安。因有道德存在，我尽心竭力以使他人享受幸福，他人也尽心竭力以使我享受幸福，于是彼此乃欢然同乐，社会中种种成文的礼法和默认的信条都是根据这个基本原理。服从这种礼法和信条便是善，破坏这种礼法和信条便是恶。善恶便是"道德的宇宙"中的价值标准。

我们既为社会中人，享受社会所赋予的权利，便不能不对于社会负有相当义务，不能不趋善避恶，以求达到"道德的宇宙"的价值标准的最高点。在"道德的宇宙"中，如果能登峰造极，也自能实现伟大的自我，孔子、苏格拉底和耶稣诸人的风范所以照耀千古。

但是"道德的宇宙"决不是人生唯一的宇宙，而善恶也决不能算是一切价值的标准，这是我们中国人往往忽略的道理。

比方在"科学的宇宙"中，善恶便不是合适的价值标准。"科学的宇宙"中的适当价值标准只是真伪。科学家只问：我的定律是否合于事实？这个结论是否没有讹错？他们决问不到："物体向地心下坠"合乎道德吗？"勾方加股方等于弦方"有些不仁不义吧？固然"科学的宇宙"也有时和"道德的宇宙"相抵触。但是科学家只当心真理而不顾社会信条。伽利略宣传哥白尼地动说，达尔文主张生物是进化而不是神造的，就教会眼光看，他们都是不道德的，因为他们直接地辩驳圣经，间接地摇动宗教和它的道德信条。可是伽利略和达尔文是"科学的宇宙"中的人物，从"道德的宇宙"所发出来的命令，他们则不敢奉命唯谨。科学家的这种独立自由的态度到现代更渐趋明显。比方伦理学从前是指导行为的规范科学，而近来却都逐渐向纯粹科学的路上走，它们的问题也逐渐由"应该或不应该如此？"变为"实在是如此或不如此?"了。

其次,"美术的宇宙"也是自由独立的。美术的价值标准既不是是非,也不是善恶,只是美丑。从希腊以来,学者对于美术有三种不同的见解。一派以为美术含有道德的教训,可以陶冶性情。一派以为美术的最大功用只在供人享乐。第三派则折衷两说,以为美术既是教人道德的,又是供人享乐的。好比药丸加上糖衣,吃下去又甜又受用。这三种学说在近代都已被人推翻了。现代美术家只是"为美术而言美术"(art for art's sake)。意大利美学泰斗克罗齐并且说美和善是绝对不能混为一谈的。因为道德行为都是起于意志,而美术品只是直觉得来的意象,无关意志,所以无关道德。这并非说美术是不道德的,美术既非"道德的",也非"不道德的",它只是"超道德的"。说一个幻想是道德的,或者说一幅画是不道德的,是无异于说一个方形是道德的,或者说一个三角形是不道德的,同为毫无意义。美术家最大的使命求创造一种意境,而意境必须超脱现实。我们可以说,在美术方面,不能"脱实"便是不能"脱俗"。因此,从"道德的宇宙"中的标准看,曹操、阮大铖、李波·李披(Fra Lippo Lippi)和拜伦一般人都不是圣贤,而从"美术的宇宙"中的标准看,这些人都不失其为大诗家或大画家。

冉其次,我以为恋爱也是自成一个宇宙;在"恋爱的宇宙"里,我们只能问某人之爱某人是否真纯,不能问某人之爱某人是否应该。其实就是只"应该不应该"的问题,恋爱也是不能打消的。从生物学观点看,生殖对于种族为重大的利益,而对于个体则为重大的牺牲。带有重大的牺牲,不能不兼有重大的引诱,所以性欲本能在诸本能中最为强烈。我们可以说,人应该生存,应该绵延种族,所以应该恋爱。但是这番话仍然是站在"道德的宇宙"中说的,在"恋爱的宇宙"中,恋爱不是这样机械的东西,它是至上的,神圣的,含有无穷奥秘的。在恋爱的状态中,两人脉搏的一起一落,两人心灵一往一复,都恰能忻合无间。在这种境界,如果身家财产学业名誉道德等等观念渗入一分,则恋爱真纯的程度便须减少一分。真能恋爱的人只是为恋爱而恋爱,恋爱以外,不复另有宇宙。

"恋爱的宇宙"和"道德的宇宙"虽不必定要不能相容,而在实际上往往互相冲突。恋爱和道德相冲突时,我们既不能两全,应该牺牲恋爱呢,还是牺牲道德呢？道德家说，道德至上，应牺牲恋爱。爱伦凯一般人说，恋爱至上，应牺牲道德。就我看，这所谓"道德至上"与"恋爱至上"都未免笼统。我们应该加上形容句子说，在"道德的宇宙"中道德至上，在"恋爱的宇宙"中恋爱至上。所以遇着恋爱和道德相冲突时，社会本其"道德的宇宙"的标准，对于恋爱者大肆其攻击诋毁，是分所应有的事，因为不如此则社会所赖以维持的道德难免隳丧；而恋爱者整个的酣醉于"恋爱的宇宙"里，毅然不顾一切，也是分所应有的事，因为不如此则恋爱不真纯。

"恋爱的宇宙"中，往往也可以表现出最伟大的人格。我时常想，能够恨人极点的人和能够爱人极点的人都不是庸人。日本民族是一个有生气的民族，因他们中间有人能够以嫌怨杀人，有人能够为恋爱自杀。我们中国人随在都讲"中庸"，恋爱也只能达到温汤热。所以为恋爱而受社会攻击的人，立刻就登报自辩。这不能不算是根性浅薄的表征。

朋友，我每次写信给你都写到第六张信笺为止。今天已写完第六张信笺了，可是如果就在此搁笔，恐怕不免叫人发生误解，让我在收尾时郑重声明一句吧。恋爱是至上的，是神圣的，所以也是最难遭遇的。"道德的宇宙"里真正的圣贤少,"科学的宇宙"里绝对真理不易得,"美术的宇宙"里完美的作家寥寥,"恋爱的宇宙"里真正的恋爱人更是凤毛麟角。恋爱是人格的交感共鸣,所以恋爱真纯的程度以人格高下为准。一般人误解恋爱,动于一时飘忽的性欲冲动而发生婚姻关系,境过则情迁,色衰则爱弛,这虽是冒名恋爱,实则只是纵欲。我为真正恋爱辩护,我却不愿为纵欲辩护;我愿青年应该懂得恋爱神圣,我却不愿青年在血气未定的时候,去盲目地假恋爱之名寻求泄欲。

　　意长纸短,你大概已经懂得我的主张了吧?

你的朋友　孟实

七　谈升学与选课

朋友：

你快要在中学毕业，此时升学问题自然常在脑中盘旋。这一着也是人生一大关键，所以，值得你慎而又慎。

升学问题分析起来便成为两个问题，第一是选校问题，第二是选科问题。这两个问题自然是密切相关的，但是为说话清晰起见，分开来说，较为便利。

我把选校问题放在第一，因为青年们对于选校是最容易走入迷途的。现在中国社会还带有科举时代的资格迷。比方小学才毕业便希望进中学，大学才毕业便希望出洋，出洋基本学问还没有做好，便希望掇拾中国古色斑斑的东西去换博士。学校文凭只是一种找饭碗的敲门砖。学校招牌愈亮，文凭就愈行，实学是无人过问的。社会既有这种资格迷，而资格买卖所便乘机而起。租三间铺面，拉拢一个名流当"名誉校长"，便可挂起一个某某大学的招牌。只看上海一隅，大学的总数比较英或法全国大学的总数似乎还要超过，谁说中国文化没有提高呢？大学既多，只是称"大学"还不能动听，于是"大学"之上又冠以"美国政府注册"的头衔。既"大学"而又在"美国政府注册"，生意自然更加茂盛了。何况许多名流又肯"热心教育"做"名誉校长"呢？

朋友，可惜这些多如牛毛的大学都不能解决我们升学的困难，因为那些有"名誉校长"或是"美国政府注册"的大学，是预备让有钱可花的少爷公子们去逍遥岁月，像你我们既无钱可花，又无时光可花，只好望望然去吧。好在它们的生意并不会因我们"杯葛"而低落的。我们求学最难得的是诚恳的良师与和爱的益友，所以选校应该以有无诚恳、和爱的空气为准。如果能得这种学校空气，无论是大学不是大学，我们都可以心满意足。做学问全赖自己，做事业也全赖自己，与资格都无关系。我看过许多留学生程度不如本国大学生，许多大学生程度不如中学生。至于凭资格去混事做，学校的资格在今日是不大高贵的，你如果作此想，最好去逢迎奔走，因为那是一条较捷的路径。

　　升学问题，跨进大学门限以后，还不能算完全解决。选科选课还得费你几番踌躇。在选课的当儿，个人兴趣与社会需要常不免互相冲突。许多人升学选课都以社会需要为准。从前人都欢迎速成法政；我在中学时代，许多同学都希望进军官学校或是教会大学；我进了高等师范，那要算是穷人末路。那时高等师范里最时髦的是英文科，我选了国文科，那要算是腐儒末路。杜威来中国时，哥伦比亚大学的留学生把教育学也弄得很热闹。近来书店逐渐增多，出诗文集一天容易似一天，文学的风头也算是出得十足透顶。听说现在法政经济又很走时了。朋友，你是学文学或是学法政呢！"学以致用"本来不是一种坏的主张；但是资禀兴趣人各不同，你假若为社会需要而忘却自己，你就未免是一位"今之学者"了。任何科目，只要和你兴趣资禀相近，都可以发挥你的聪明才力，都可以使你效用于社会。所以你选课时，旁的问题都可以丢开，只要问："这门功课合我的胃口吗？"

　　我时常想，做学问，做事业，在人生中都只能算是第二桩事。人生第一桩事是生活。我所谓"生活"是"享受"，是"领略"，是"培养生机"。假若为学问为事业而忘却生活,那种学问事业在人生中便失其真正意义与价值。因此,我们不应该把自己看做社会的机械。一味迎合社会需要而不顾自己兴趣的人,就没有明白这个简单的道理。

我把生活看做人生第一桩要事,所以不赞成早谈专门;早谈专门便是早走狭路,而早走狭路的人对于生活常不能见得面面俱到。前天 G 君对我谈过一个故事,颇有趣,很可说明我的道理。他说,有一天,一个中国人、一个印度人和一个美国人游历,走到一个大瀑布前面,三人都看得发呆;中国人说:"自然真是美丽!"印度人说:"在这种地方才见到神的力量呢!"美国人说:"可惜偌大水力都空费了!"这三句话各各不同,各有各的真理,也各有各的缺陷。在完美的世界里,我们在瀑布中应能同时见到自然的美丽,神力的广大和水力的实用。许多人因为站在狭路上,只能见到诸方面的某一面,便说他人所见到的都不如他的真确。前几年大家曾像煞有介事地争辩哲学和科学,争辩美术和宗教,不都是坐井观天诬天渺小吗?

我最怕和谈专门的书呆子在一起,你同他谈话,他三句话就不离本行。谈到本行以外,旁人所以为兴味盎然的事物，他听之则麻木不能感觉。像这样的人是因为做学问而忘记生活了。我特地提出这一点来说，因为我想现在许多人大谈职业教育，而不知单讲职业教育也颇有危险。我并非反对职业教育，我却深深地感觉到职业教育应该有宽大自由教育（liberal education）做根底。倘若先没有多方面的宽大自由教育做根底，则职业教育的流弊，在个人方面，常使生活单调乏味，在社会方面，常使文化肤浅褊狭。

许多人一开口就谈专门（specialization），谈研究（research-work）。他们说，欧美学问进步所以迅速，由于治学尚专门。原来不专则不精，固是自然之理，可是"专"也并非是任何人所能说的。倘若基础树得不宽广，你就是"专"，也决不能"专"到多远路。自然和学问都是有机的系统，其中各部分常息息相通，牵此则动彼。倘若你对于其他各部分都茫无所知，而专门研究某一部分，实在是不可能的。哲学和历史，须有一切学问做根底；文学与哲学历史也密切相关；科学是比较可以专习的，而实亦不尽然。比方生物学，要研究到精深的地步，不能不通化学，不能不通物理学，不能不通地质学，不能不通数学和统计学，不能不通心理学。许多人连动物学和植物学的基础也没有,便谈专门研究生物学,是无异于未学爬而先学跑的。我时常想,学问这件东西,先要能博大而后能精深。"博学守约",真是至理名言。亚里士多德是种种学问的祖宗。康德在大学里几乎能担任一切功课的教授。歌德是盖代文豪而于科学上也很有建树。亚当·斯密是英国经济学的始祖,而他在大学是教授文学的。近如罗素,他对于数学、哲学、政治学样样都能登峰造极。这是我信笔写来的几个确例。西方大学者(尤其是在文学方面)大半都能同时擅长几种学问的。

我从前预备再做学生时,也曾痴心妄想过专门研究某科中的某某问题。来欧以后,看看旁人做学问所走的路径,总觉悟像我这样浅薄,就谈专门研究,真可谓"颜之厚矣!"我此时才知道从前在国内听大家所常谈的"专门"是怎么一回事。中国一般学者的通病就在不重根基而侈谈高远。比方"讲东西文化"的人,可以不通哲学,可以不通文学和美术,可以不通历史,可以不通科学,可以不懂宗教,而信口开河,凭空立说;历史学者闻之窃笑,科学家闻之窃笑,文艺批评学者闻之窃笑,只是发议论者自己在那里洋洋得意。再比方著世界文学史的人,法国文学可以不懂，英国文学可以不懂，德国文学可以不懂，希腊文学可以不懂，中国文学可以不懂，而东抄西袭，堆砌成篇，使法国文学学者见之窃笑，英国文学学者见之窃笑，中国文学学者见之窃笑，只是著书人自己在那里大吹喇叭。这真所谓"放屁放屁，真正岂有此理"！

朋友，你就是升到大学里去，千万莫要染着时下习气，侈谈高远而不注意把根基打得宽大稳固。我和你相知甚深，客气话似用不着说。我以为你在中学所打的基本学问的基础还不能算是稳固，还不能使你进一步谈高深专门的学问。至少在大学头一二年中，你须得尽力多选功课。所谓多选功课，自然也有一个限制。贪多而不务得，也是一种毛病。我是说，在你的精力时间可能范围以内，你须极力求多方面的发展。

最后，我这番话只是针对你的情形而发的。我不敢说一切中学生都要趁着这条路走。但是对于预备将来专门学某一科而谋深造的人，——尤其是所学的关于文哲和社会科学方面，——我的忠告总含有若干真理。

同时，我也很愿听听你自己的意见。

你的朋友　孟实

八　谈作文

朋友：

　　我们对于许多事，自己愈不会做，愈望朋友做得好。我生平最大憾事就是对于美术和运动都一无所长。幼时薄视艺事为小技，此时亦偶发宏愿去学习，终苦于心劳力拙，怏怏然废去。所以每遇年幼好友，就劝他趁早学一种音乐，学一项运动。

　　其次，我极羡慕他人做得好文章。每读到一种好作品，看见自己所久想说出而说不出的话，被他人轻轻易易地说出来了，一方面固然以作者"先获我心"为快，而另一方面也不免心怀惭怍，惟其惭怍，所以每遇年幼好友，也苦口劝他练习作文，虽然明明知道人家会奚落我说："你这样起劲谈作文，你自己的文章就做得'蹩脚！'"

　　文章是可以练习的吗？迷信天才的人自然嗤着鼻子这样问。但是在一切艺术里，天资和人力都不可偏废。古今许多第一流作者大半都经过刻苦的推敲揣摩的训练。法国福楼拜尝费三个月的功夫作成一句文章；莫泊桑尝登门请教，福楼拜叫他把十年辛苦成就的稿本付之一炬，从新起首学描实境。我们读莫泊桑那样的极自然极轻巧极流利的小说，谁想到他的文字也是费功夫作出来的呢？我近来看见两段文章，觉得是青年作者应该悬为座右铭的，写在下面给你看看：

一段是从托尔斯泰的儿子 Count Ilya Tolstoy 所作的《回想录》(*Reminiscences*) 里面译出来的，这段记载托尔斯泰著《安娜·卡列尼娜》(*Anna Karenina*) 修稿时情形。他说："《安娜·卡列尼娜》初登俄报 *Vyetnik* 时，底页都须寄吾父亲自己校对。他起初在纸边加印刷符号如删削句读等。继而改字，继而改句，继而又大加增删，到最后，那张底页便成百孔千疮，糊涂得不可辨识。幸吾母尚能认清他的习用符号以及更改增删。她尝终夜不眠替吾父誊清改过底页。次晨，她便把他很整洁的清稿摆在桌上，预备他下来拿去付邮。吾父把这清稿又拿到书房里去看'最后一遍'，到晚间这清稿又重新涂改过，比原来那张底页要更加糊涂，吾母只得再抄一遍。他很不安地向吾母道歉。'松雅吾爱，真对不起你，我又把你誊的稿子弄糟了。我再不改了。明天一定发出去。'但是明天之后又有明天。有时甚至于延迟几礼拜或几月。他总是说,'还有一处要再看一下',于是把稿子再拿去改过。再誊清一遍。有时稿子已发出了,吾父忽然想到还要改几个字,便打电报去吩咐报馆替他改。"

你看托尔斯泰对文字多么谨慎,多么不惮烦!此外小泉八云给张伯伦教授（Prof. Chamberlain）的信也有一段很好的自白,他说:"……题目择定,我先不去运思,因为恐怕易生厌倦。我作文只是整理笔记。我不管层次,把最得意的一部分先急忙地信笔写下。写好了,便把稿子丢开,去做其他较适宜的工作。到第二天,我再把昨天所写的稿子读一遍,仔细改过,再从头至尾誊清一遍,在誊清中,新的意思自然源源而来,错误也呈现了,改正了。于是我又把它搁起,再过一天,我又修改第三遍。这一次是最重要的,结果总比原稿大有进步,可是还不能说完善。我再拿一片干净纸作最后的誊清,有时须誊两遍。经过这四五次修改以后,全篇的意思自然各归其所,而风格也就改定妥帖了。"

小泉八云以美文著名,我们读他这封信,才知道他的成功秘诀。一般人也许以为这样咬文嚼字近于迂腐。在青年心目中,这种训练尤其不合胃口。他们总以为能倚马千言不加点窜的才算好脚色。这种念头不知误尽多少苍生！在艺术田地里比在道德田地里，我们尤其要讲良心。稍有苟且，便不忠实。听说印度的甘地主办一种报纸，每逢作文之先，必斋戒静坐沉思一日夜然后动笔。我们以文字骗饭吃的人们对之能不愧死吗？

文章像其他艺术一样，"神而明之，存乎其人"，精微奥妙都不可以言传，所可以言传的全是糟粕。不过初学作文也应该认清路径，而这种路径是不难指点的。

学文如学画，学画可临帖，又可写生。在这两条路中间，写生自然较为重要。可是临帖也不可一笔勾销，笔法和意境在初学时总须从临帖中领会。从前中国文人学文大半全用临帖法。每人总须读过几百篇或几千篇名著，揣摩呻吟，至能背诵，然后执笔为文，手腕自然纯熟。欧洲文人虽亦重读书，而近代第一流作者大半由写生入手。莫泊桑初请教于福楼拜，福楼拜叫他描写一百个不同的面孔。霸若因为要描写吉普赛野人生活，便自己去和他们同住。可是这并非说他们完全不临帖。许多第一流作者起初都经过模仿的阶段。莎士比亚起初模仿英国旧戏剧作者。布朗宁起初模仿雪莱，陀思妥耶夫斯基和许多俄国小说家都模仿雨果。我以为向一般人说法，临帖和写生都不可偏废。

所谓临帖在多读书。中国现当新旧交替时代,一般青年人颇苦无书可读。新作品寥寥有数,而旧书又受复古反动影响,为新文学家所不乐道。其实冬烘学究之厌恶新小说和白话诗,和新文学运动者之攻击读经和念古诗文,都是偏见。文学上只有好坏的分别,没有新旧的分别。青年们读新书已成时髦,用不着再提倡,我只劝有闲工夫有好兴致的人对于旧书也不妨去读读看。

读书只是一步预备的功夫,真正学作文,还要特别注意写生。要写生,须勤做描写文和记叙文。中国国文教员们常埋怨学生们不会做议论文。我以为这并不算奇怪。中学生的理解和知识大半都很贫弱,胸中没有议论,何能做得出议论文?许多国文教员们叫学生入手就做议论文,这是没有脱去科举时代的陋习。初学做议论文是容易走入空疏俗滥的路上去。我以为初学作文应该从描写文和记叙文入手,这两种文做好了,议论文是很容易办的。

这封信只就一时见到的几点说说。如果你想对于作文方法还要多知道一点,我劝你看看夏丏尊和刘薰宇两先生合著的《文章作法》。这本书有许多很精当的实例,对于初学是很有用的。

你的朋友　孟实

九　谈情与理

朋友：

去年张东荪先生在《东方杂志》发表过两篇论文，讨论兽性问题，并提出理智救国的主张。今年李石岑先生和杜亚泉先生也为着同样问题，在《一般》上起过一番辩论。一言以蔽之，他们的争论点是：我们的生活应该受理智支配呢？还是应该受感情支配呢？张、杜两先生都是理智的辩护者，而李先生则私淑尼采，对于理智颇肆抨击。我自己在生活方面，尝感着情与理的冲突。近来稍涉猎文学哲学，又发见现代思潮的激变，也由这个冲突发轫。屡次手痒，想作一篇长文，推论情与理在生活与文化上的位置，因为牵涉过广，终于搁笔。在私人通信中大题不妨小做，而且这个问题也是青年所急宜了解的，所以趁这次机会，粗陈鄙见。

科学家讨论事理，对于规范与事实，辨别极严。规范是应然的，是以人的意志定出一种法则来支配人类生活的。事实是实然的，是受自然法则支配的。比方伦理、教育、政治、法律、经济各种学问都侧重规范，数、理、化各种学问都侧重事实。规范虽和事实不同，而却不能不根据事实。比方在教育学中，"自由发展个性"是一种规范，而根据的是儿童心理学中的事实；在马克思派经济学中，"阶级斗争"和"劳工专政"都是规范，而"剩余价值"律和"人口过剩"律是他所根据的事实。但是一般人制定规范，往往不根据事实而根据自己的希望。不知人的希望和自然界的事实常不相侔，而规范是应该限于事实的。规范倘若不根据事实，则不特不能实现，而且漫无意义。比方在事实上二加二等于四，而人的希望往往超过事实，硬想二加二等于五。既以为二加二等于五是很好的，便硬定"二加二应该等于五"的规范，这岂不是梦话？

我所以不满意张东荪、杜亚泉诸先生的学说者，就因为他们既没有把规范和事实分别清楚，而又想离开事实，只凭自家理想去定规范。他们想把理智抬举到万能的地位，而不问在事实上理智是否万能；他们只主张理智应该支配一切生活,而不考究生活是否完全可以理智支配。我很奇怪张先生以柏格森的翻译者而抬举理智,我尤其奇怪杜先生想从哲学和心理学的观点去抨击李先生,而不知李先生的学说得自尼采,又不知他自己所根据的心理学久已陈死。

只论事实,世界文化和个人生活果能顺着理智所指的路径前进吗?现代哲学和心理学对于这个问题所给的答案是否定的。

哲学家怎样说呢?现代哲学的主要潮流可以说主要是十八世纪理智主义的反动。自尼采、叔本华以至于柏格森,没有人不看透理智的威权是不实在的。依现代哲学家看,宇宙的生命,社会的生命,和个体的生命都只有目的而无先见(purposive without forsight)。所谓有目的,是说生命是有归宿的,是向某固定方向前进的。所谓无先见,是说在未归宿之先,生命不能自己预知归宿何所。比方母鸡孵卵,其目的在产小鸡,而这个目的却不必预存于母鸡的意识中。理智就是先见,生命不受先见支配,所以不受理智支配。这是现代哲学上一种主要思潮,而这个思潮在政治思想上演出两个相反的结论。其一为英国保守派政治哲学。他们说,理智既不能左右社会生命,所以我们应该让一切现行制度依旧存在，它们自己会变好，不用人费力去筹划改革。其一为法国行会主义（syndicalism）。这派激烈分子说，现行制度已经够坏了，把它们打破以后，任它们自己变去，纵然没有理智产生的建设方略，也决不会有比现在更坏的制度发现出来。无论你相信哪一说，理智都不是万能的。

在心理学方面，理智主义的反动尤其剧烈。这种反动有两个大的倾向。第一个倾向是由边沁的享乐主义（hedonism）转到麦独孤的动原主义（homic theory）。享乐派心理学者以为一切行为都不外寻求快感与避免痛感。快感与痛感就是行为的动机。吾人心中预存何者发生快感何者发生痛感的计算，而后才有寻求与避免的行为。换句话说，行为是理智的产品，而理智所去取，则以感觉之快与不快为标准。这种学说在十八、十九两世纪颇盛行，到了现代，因为受麦独孤派心理学者的攻击，已成体无完肤。依麦独孤派学者看，享乐主义误在倒果为因。快感与痛感是行为的结果，不是行为的动机，动作顺利，于是生快感，动作受阻碍，于是生痛感；在动作未发生之前，吾人心中实未曾运用理智，预期快感如何寻求，痛感如何避免。行为的原动力是本能与情绪，不是理智。这个道理麦独孤在他的《社会心理学》里说得很警辟。

心理学上第二个反理智的倾向是弗洛伊德派的隐意识心理学。依这派学者看，心好比大海，意识好比海面浮着的冰山，其余汪洋深湛的统是隐意识。意识在心理学中所占位置甚小，而理智在意识中所占位置又甚小，所以理智的能力是极微末的，通常所谓理智，大半是理性化（rationalisation）的结果，理智之来，常不在行为未发生之前，而在行为已发生之后。行为之发生，大半由隐意识中的情意综（complexes）主持。吾人于事后须得解释辩护，于是才找出种种理由来。这便是理性化。比方一个人钟爱一个女子，天天不由自主地走到她的寓所左右。而他自己所能举出的理由只不外"去看报纸"，"去访她哥哥"，"去看那棵柳树今天开了几片新叶"一类的话。照这样说，不特理智不易驾驭感情，而理智自身也不过是感情的变相。维护理智的人喜用弗洛伊德的升华说（sublimation）做护身符，不知所谓升华大半还是隐意识作用，其中情的成分比理的成分更加重要。

总观以上各点，我们可以知道在事实上理智支配生活的能力是极微末、极薄弱的，尊理智抑感情的人在思想上是开倒车，是想由现世纪回到十八世纪。开倒车固然不一定就是坏，可是要开倒车的人应该先证明现代哲学和心理学是错误的。不然，我们决难悦服。

更进一步，我们姑且丢开理智是否确能支配情感的问题，而衡量理智的生活是否确比情感的生活价值来得高。迷信理智的人不特假定理智能支配生活，而且假定理智的生活是尽善尽美的。第一个假定，我们已经知道，是与现代哲学和心理学相矛盾的。现在我们来研究第二个假定。

第一，我们应该知道理智的生活是很狭隘的。如果纯任理智，则美术对于生活无意义，因为离开情感，音乐只是空气的震动，图画只是涂着颜色的纸，文学只是联串起来的字。如果纯任理智，则宗教对于生活无意义，因为离开情感，自然没有神奇，而冥感灵通全是迷信。如果纯任理智，则爱对于人生也无意义，因为离开情感，男女的结合只是为着生殖。我们试想生活中无美术，无宗教（我是指宗教的狂热的情感与坚决信仰），无爱情，还有什么意义？记得几年前有一位学生物学的朋友在《学灯》上发表一篇文章，说穷到究竟，人生只不过是吃饭与交媾。他的题目我一时记不起，仿佛是"悲"、"哀"一类的字。专从理智着想，他的话是千真万确的。但是他忘记了人是有感情的动物。有了感情,这个世界便另是一个世界,而这个人生也便另是一个人生,决不是吃饭交媾就可以了事的。

第二,我们应该知道理智的生活是很冷酷的,很刻薄寡恩的。理智指示我们应该做的事甚多,而我们实在做到的还不及百分之一。所做到的那百分之一大半全是由于有情感在后面驱遣。比方我天天看见很可怜的乞丐,理智也天天提醒我赈济困穷的道理,可是除非我心中怜悯的情感触动时,我百回就有九十九回不肯掏腰包。前几天听见一位国学家投河的消息,和朋友们谈,大家都觉得他太傻。他固然是傻,可是世间有许多事项得有几分傻气的人才能去做。纯信理智的人天天都打计算,有许多不利于己的事他决不肯去做的。历史上许多侠烈的事迹都是情感的而不是理智的。

人类如要完全信任理智,则不特人生趣味剥削无余,而道德亦必流为下品。严密说起,纯任理智的世界中只能有法律而不能有道德。纯任理智的人纵然也说道德,可是他们的道德是问理的道德(morality according to principle),而不是问心的道德(morality according to heart)。问理的道德迫于外力,问心的道德激于衷情，问理而不问心的道德，只能给人类以束缚而不能给人类以幸福。

比方中国人所认为百善之首的"孝"，就可以当作问理的道德，也可以当作问心的道德。如果单讲理智，父母对于子女不能居功，而子女对于父母便不必言孝。这个道理胡适之先生在《答汪长禄书》里说得很透辟。他说：

"父母于子无恩"的话，从王充、孔融以来，也很久了。……今年我自己生了一个儿子，我才想到这个问题上去。我想这个孩子自己并不曾自由主张要生在我家，我们做父母的也不曾得他的同意，就糊里糊涂地给他一条生命，况且我们也并不曾有意送给他这条生命。我们既无意，如何能居功？……我们生一个儿子，就好比替他种了祸根，又替社会种了祸根。……所以我们教他养他，只是我们减轻罪过的法子。……这可以说是恩典吗？

因此，胡先生不赞成把"儿子孝顺父母"列为一种"信条"。

胡先生所以得此结论,是假定孝只是一种报酬,只是一种问理的道德。把孝当作这样解释,我也不赞成把它"列为一种信条"。但是我们要知道真孝并不是一种报酬,并不是借债还息。孝只是一种爱,而凡爱都是以心感心,以情动情,决不像做生意买卖,时时抓住算盘子,计算你给我二五,我应该报酬你一十。换句话说,孝是情感的,不是理智的。世间有许多慈母,不惜牺牲一切,以养护她的婴儿;世间也有许多婴儿,无论到了怎样困穷忧戚的境遇,总可以把头埋在母亲的怀里,得那不能在别处得到的保护与安慰。这就是孝的起源,这也就是一切爱的起源。这种孝全是激于至诚的,是我所谓问心的道德。

孝不是一种报酬,所以不是一种义务,把孝看成一种义务,于是"孝"就由问心的道德降而为问理的道德了。许多人"孝顺"父母,并不是因为激于情感,只因为他想凡是儿子都须得孝顺父母,才成体统。礼至而情不至,孝的意义木已丧失。儒家想因存礼以存情,于是孝变成一种虚文。像胡先生所说,"无论怎样不孝的人,一穿上麻衣,带上高粱冠,拿着哭丧棒,人家就称他做'孝子'了"。近人非孝,也是从理智着眼,把孝看作一种债息。其实与儒家末流犯同一毛病。问理的孝可非而问心的孝是不可非的。

孝不过是许多事例中之一种。其他一切道德也都可以有问心的和问理的分别。问理的道德虽亦不可少,而衡其价值,则在问心的道德之下。孔子讲道德注重仁字,孟子讲道德注重义字,仁比义更有价值,是孔门学者所公认的。仁就是问心的道德,义就是问理的道德。宋儒注仁义两个字说:"仁者心之德,义者事之宜。"这是很精确的。

我说了这许多话,可以一言以蔽之,仁胜于义,问心的道德胜于问理的道德,所以情感的生活胜于理智的生活。生活是多方面的,我们不但要能够知(know),我们更要能够感(feel)。理智的生活只是片面的生活。理智没有多大能力去支配情感,纵使理智能支配情感,而理胜于情的生活和文化都不是理想的。

我对于这个问题还有许多的话,在这封信里只能言不尽意,待将来再说。

你的朋友　孟实

附注：

此文发表后曾蒙杜亚泉先生给了一个批评（见《一般》三卷三号）；当时课忙，所以没有奉复。我此文结论中明明说过，"问理的道德虽亦不可少，而衡其价值，则在问心的道德之下。"我并没有说把理智完全勾销。杜先生也说："我也主张主情的道德。"然则我们的意见根本并无二致。我不能不羡慕杜先生真有闲功夫。

杜先生一方面既然承认"朱先生说，'真孝并不是一种报酬'，这句话很精到的"，而另一方面又加上一句"但是'孝不是一种义务'这句话却错了。"我以为他可以说出一番大道理来，而下文不过是如此："至于父母就是社会上担负教育子女义务的人……这种人在衰老的时候，社会也应该辅养他。"说明白一点咧，在子女幼时，父母曾为社会辅养子女；所以到父母老时，子女也应该为社会辅养父母。

请问杜先生，这是不是所谓报酬？承认我的"孝不是一种报酬"一语为"精到"，而说明"孝是一种义务"时，又回到报酬的原理，这似犯了维护理智的人们所谓"矛盾律"。

"今之孝者，是谓能养"，杜先生大约还记得下文吧？我承认"养老"、"养小"都确是一种义务，我否认能尽这种义务就是孝慈。因为我主张于能尽养老的义务之外，还要有出于衷诚的敬爱，才得谓孝，所以我主张孝不是一种报酬。因为我主张孝不是一种报酬，所以我否认孝只是一种义务。杜先生同意于"孝不是一种报酬"，而致疑于"孝不是一种义务"，这也是矛盾。

维护理智的人，推理一再陷于矛盾，世间还有更好的凭据证明理智不可尽信吗？

十　谈摆脱

朋友：

近来研究黑格尔（Hegel）讨论悲剧的文章，有时拿他的学说来印证实际生活，颇觉欣然有会意。许久没有写信给你，现在就拿这点道理作谈料。

黑格尔对于古今悲剧，最推尊希腊索福克勒斯（Sophocles）的《安提戈涅》（Antingone）。安提戈涅的哥哥因为争王位，借重敌国的兵攻击他自己的祖国忒拜，他在战场中被打死了。忒拜新王克瑞翁（Creon）悬令，如有人敢收葬他，便处死罪，因为他是一个国贼。安提戈涅很像中国的聂嫈，毅然不避死刑，把她哥哥的尸骨收葬了。安提戈涅又是和克瑞翁的儿子海蒙（Haemon）订过婚的，她被绞以后，海蒙因痛恨，也自杀了。

黑格尔以为凡悲剧都生于两理想的冲突，而《安提戈涅》是最好的实例。就克瑞翁说，做国王的职责和做父亲的职责相冲突。就安提戈涅说，做国民的职责和做妹妹的职责相冲突。就海蒙说，做儿子的职责和做情人的职责相冲突。因此冲突，故三方面结果都是悲剧。

黑格尔只是论文学，其实推广一点说，人生又何尝不是一种理想的冲突场？不过实在界和舞台有一点不同，舞台上的悲剧生于冲突之得解决，而人生的悲剧则多生于冲突之不得解决。生命途程上的歧路尽管千差万别，而实际上只有一条路可走，有所取必有所舍，这是自然的道理。世间有许多人站在歧路上只徘徊顾虑，既不肯有所舍，便不能有所取。世间也有许多人既走上这一条路，又念念不忘那一条路。结果也不免差误时光。"鱼我所欲也，熊掌亦我所欲也，二者不可得兼，舍鱼而取熊掌者也。"有这样果决，悲剧决不会发生。悲剧之发生就在既不肯舍鱼，又不肯舍熊掌，只在那儿垂涎打算盘。这个道理我可以举几个实例来说明：

"禾"是一个大学生，很好文学，而他那一班的功课有簿记，有法律，都是他所厌恶的。他每见到我便愁眉蹙额地说："真是无聊！天天只是预备考试！

天天只是读这些没有意味的课本!"我告诉他,"你既不欢喜那些东西,便把它们丢开就是了。"他说:"既然花了家里的钱进学堂,总得要勉强敷衍考试才是。"我说:"你要敷衍考试,就敷衍考试是了。"然而他天天嫌恶考试,天天又还在那儿预备考试。

我有一个幼时的同学恋爱了一个女子。他的家庭极力阻止他。他每次来信都向我诉苦。我去信告诉他说,"你既爱她,便毅然不顾一切去爱她就是了。"他又说:"家庭骨肉的恩爱能够这样恝然置之吗?"我回复他说:"事既不能两全,你便应该趁早疏绝她。"但是他到现在还是犹豫不知所可,还是照旧叫苦。

"禹"也是一个旧相识。他在衙门里充当一个小差事。他很能做文章,家里虽不丰裕,也还不至于没有饭吃。衙门里案牍和他的脾胃不很合,而且妨碍他著述。他时常觉得他的生活没有意味,和我谈心时,不是说,"嗳,如果我不要就这个事,这本稿子久已写成了。"就是说:"这事简直不是人干的,我回家陪妻子吃糙米饭去了!"像这样的话我也不知道听他说过多少回数,但是他还是依旧风雨无阻地去应卯。

这些朋友的毛病都不在"见不到"而在"摆脱不开"。"摆脱不开"便是人生悲剧的起源。畏首畏尾,徘徊歧路，心境既多苦痛，而事业也不能成就。许多人的生命都是这样模模糊糊地过去的。要免除这种人生悲剧，第一须要"摆脱得开"。消极说是"摆脱得开"，积极说便是"提得起"，便是"抓得住"。认定一个目标，便专心致志地向那里走，其余一切都置之度外，这是成功的秘诀，也是免除烦恼的秘诀。现在姑且举几个实例来说明我所谓"摆脱得开"。

释迦牟尼当太子时，乘车出游，看到生老病死的苦状，便恍然解悟人生虚幻，把慈父娇妻爱子和王位一齐抛开，深夜遁入深山，静坐菩提树下，冥心默想解脱人类罪苦的方法。这是古今第一个知道摆脱的人。其次如苏格拉底，如耶稣，如屈原，如文天祥，为保持人格而从容就死，能摆脱开一般人所摆脱不开的生活欲，也很可以廉顽立懦。再其次如希腊第欧根尼提倡克欲哲学，除一个饮水的杯子和一个盘坐的桶子以外，身旁别无长物，一日见童子用手捧水喝，他便把饮水的杯子也掷碎。犹太斯宾诺莎学说与犹太教义不合，犹太教徒行贿不遂，把他驱逐出籍，他以后便专靠磨镜过活。他在当时是欧洲第一个大哲学家，海德堡大学请他去当哲学教授，他说："我还是磨我的镜子比较自由"，所以谢绝教授的位置。这是能为真理为学问摆脱一切的。卓文君逃开富家的安适，去陪司马相如当垆卖酒，是能为恋爱摆脱一切的。张翰在齐做大司马东曹掾，一天看见秋风乍起，想起吴中菰菜莼羹鲈鱼脍，立刻就弃官归里。陶渊明做彭泽令，不愿束带见督邮，向县吏说："我岂能为五斗米折腰向乡里小儿！"立即解绶辞官。这是能摆脱禄位以行吾心所安的。英国小说家司各特早年颇致力于诗，后读拜伦著作，知道自己在诗的方面不能有大成就，便丢开音律专去做他的小说。这是能为某一种学问而摆脱开其他学问之引诱的。孟敏堕甑，不顾而去。郭林宗问他的缘故，他回答说："甑已碎，顾之何益？"这是能摆脱过去之失败的。

斯蒂文森论文，说文章之术在知遗漏（the art of omitting），其实不独文章如是，生活也要知所遗漏。我幼时，有一位最敬爱的国文教师看出我不知摆脱的毛病，尝在我的课卷后面加这样的批语："长枪短戟，用各不同，但精其一，已足致胜，汝才力有偏向，姑发展其所长，不必广心博鹜也。"十年以来，说了许多废话，看了许多废书，做了许多不中用的事，走了许多没有目标的路，多尝试，少成功，回忆师训，殊觉赧然，冷眼观察，世间像我这样暗中摸索的人正亦不少。大节固不用说,请问街头那纷纷群众忙的为什么?为什么天天做明知其无聊的工作,说明知其无聊的话,和明知其无聊的朋友假意周旋?在我看来,这都由于"摆脱不开"。因为人人都"摆脱不开",所以生命便成了一幕最大的悲剧。

朋友,我写到这里,已超过寻常篇幅,把上面所写的翻看一过,觉得还没有把"摆脱"的道理说得透。我只谈到粗浅处,细微处让你自己暇时细心体会。

你的朋友　孟实

十一　谈在卢浮宫所得的一个感想

朋友：

去夏访巴黎卢浮宫，得摩挲《蒙娜·丽莎》肖像的原迹，这是我生平一件最快意的事。凡是第一流的美术作品都能使人在微尘中见出大千，在刹那中见出终古。雷阿那多·达·芬奇（Leonardode Vinci）的这幅半身美人肖像纵横都不过十几寸，可是她的意蕴多么深广！佩特（Walter Pater）在《文艺复兴论》里面说希腊、罗马和中世纪的特殊精神都在这一幅画里表现无遗。我虽然不知道佩特所谓希腊的生气，罗马的淫欲和中世纪的神秘是什么一回事，可是从那轻盈笑靥里我仿佛窥透人世的欢爱和人世的罪孽。虽则见欢爱而无留恋，虽则见罪孽而无畏惧。一切希冀和畏避的念头在霎时间都涣然冰释，只游心于和谐静穆的意境。这种境界我在贝多芬乐曲里，在《密罗斯爱神》雕像里，在《浮士德》诗剧里，也常隐约领略过，可是都不如《蒙娜·丽莎》所表现的深刻明显。

我穆然深思，我悠然遐想，我想象到中世纪人们的热情，想象到达·芬奇作此画时费四个寒暑的精心结构，想象到丽莎夫人临画时听到四围的缓歌慢舞，如何发出她那神秘的微笑。

正想得发呆时，这中世纪的甜梦忽然被现世纪的足音惊醒，一个法国向导领着一群四五十个男的女的美国人蜂拥而来了。向导操很拙劣的英语指着说："这就是著名的《蒙娜·丽莎》。"那班肥颈项胖乳房的人们照例露出几种惊奇的面孔，说出几个处处用得着的赞美的形容词，不到三分钟又蜂拥而去了。一年四季，人们尽管川流不息地这样蜂拥而来蜂拥而去，丽莎夫人却时时刻刻在那儿露出你不知道是怀善意还是怀恶意的微笑。

从观赏《蒙娜·丽莎》的群众回想到《蒙娜·丽莎》的作者，我顿时发生一种不调和的感触，从中世纪到现世纪，这中间有多么深多么广的一条鸿沟！中世纪的旅行家一天走上二百里已算飞快，现在坐飞艇不用几十分钟就可以走几百里了。中世纪的著作家要发行书籍须得请僧侣或抄胥用手抄写，一个人朝于斯夕于斯的，一年还不定能抄完一部书，现在大书坊每日可出书万卷，任何人都可以出文集诗集了。中世纪许多书籍是新奇的，连在近代，以培根、笛卡儿那样渊博，都没有机会窥亚里士多德的全豹，近如包慎伯到三四十岁时才有一次机会借阅《十三经注疏》。现在图书馆林立，贩夫走卒也能博通上下古今了。中世纪画《蒙娜·丽莎》的人须自己制画具自己配颜料，作一幅画往往须三年五载才可成功，现在美术家每日可以成几幅乃至于几十幅"创作"了。中世纪人想看《蒙娜·丽莎》须和作者或他的弟子有交谊，真能欣赏他，才能侥幸一饱眼福，现在卢浮宫好比十字街头，任人来任人去了。

这是多么深多么广的一条鸿沟！据历史家说，我们已跨过了这鸿沟，所以我们现代文化比中世纪进步得多了。话虽如此说，而我对着《蒙娜·丽莎》和观赏《蒙娜·丽莎》的群众，终不免有所怀疑，有所惊惕。

在这个现世纪忙碌的生活中，哪里还能找出三年不窥园、十年成一赋的人？哪里还能找出深通哲学的磨镜匠，或者行乞读书的苦学生？现代科学和道德信条都比从前进步了，哪里还能迷信宗教崇尚侠义？我们固然没有从前人的呆气，可是我们也没有从前人的苦心与热情了。别的不说，就是看《蒙娜·丽莎》也只像看破烂朝报了。

科学愈进步，人类征服环境的能力也愈大。征服环境的能力愈大，的确是人生一大幸福。但是它同时也易生流弊。困难日益少，而人类也愈把事情看得太容易，做一件事不免愈轻浮粗率，而坚苦卓绝的成就也便日益稀罕。比方从纽约到巴黎还像从前乘帆船时要经许多时日，冒许多危险，美国人穿过卢浮宫决不会像他们穿过巴黎香榭丽舍街一样匆促。我很坚决地相信，如果美国人所谓"效率"（efficiency）以外，还有其他标准可估定人生价值；现代文化至少含有若干危机的。

"效率"以外究竟还有其他估定人生价值的标准吗？要回答这个问题，我们最好拿法国兰斯（Reims）、亚眠（Amiens）各处几个中世纪的大教寺和纽约一座世界最高的钢铁房屋相比较。或者拿一幅湘绣和杭州织锦相比较，便易明白。如只论"效率"，杭州织锦和美国钢铁房屋都是一样机械的作品，较之湘绣和兰斯大教寺，费力少而效率差不多总算没有可指摘之点。但是刺湘绣的闺女和建筑中世纪大教寺的工程师在工作时，刺一针线或叠一块砖，都要费若干心血，都有若干热情在后面驱遣，他们的心眼都钉在他们的作品上，这是近代只讲"效率"的工匠们所诧为

十一 谈在卢浮宫所得的一个感想

呆拙的。织锦和钢铁房屋用意只在适用,而湘绣和中世纪建筑于适用以外还要能慰情,还要能为作者力量气魄的结晶,还要能表现理想与希望。假如这几点在人生和文化上自有意义与价值,"效率"决不是唯一的估定价值的标准,尤其不是最高品的估定价值的标准。最高品估定价值的标准一定要着重人的成分(humanelement),遇见一种工作不仅估量它的成功如何,还要问它是否由努力得来的,是否为高尚理想与伟大人格之表现。如果它是经过努力而能表现理想与人格的工作,虽然结果失败了,我们也得承认它是有价值的。这个道理布朗宁(Browning)在"Rabbi Ben Ezva"那篇诗里说得最精透,我不会翻译,只择几段出来让你自己去玩味:

> Not on the vulgar mass
> Called "work", must Sentence pass,
> Things done, that took the eye and had the price;
> O'er which, from level stand,
> The low world laid its hand,
> Found straight way to its mind, could value in a trice:
> But all, the world's coarse thumb
> And finger failed to plumb,

So passed in making up the main account;

All instincts immature,

All purposes unsure,

That weighed not as his work, yet swelled the man's amount:

Thoughts hardly to be pcaked

Into a marrow act,

Fancies that broke through thoughts and escaped:

All I could never be,

All, men ignored in me,

This I was worth to God, whose wheel the pitcher shaped.

  这几段诗在我生平所给的益处最大。我记得这几句话,所以能惊赞热烈的失败,能欣赏一般人所嗤笑的呆气和空想,能景仰不计成败的坚苦卓绝的努力。

  假如我的十二封信对于现代青年能发生毫末的影响,我尤其虔心默祝这封信所宣传的超"效率"的估定价值的标准能印入个个读者的心孔里去;因为我所知道的学生们、学者们和革命家们都太贪容易,太浮浅粗疏,太不能深入,太不能耐苦,太类似美国旅行家看《蒙娜·丽莎》了。

你的朋友 孟实

十二　谈人生与我

朋友：

我写了许多信，还没有郑重其事地谈到人生问题，这是一则因为这个问题实在谈滥了，一则也因为我看这个问题并不如一般人看得那样重要。在这最后一封信里我所以提出这个滥题来讨论者，并不是要说出什么一番大道理，不过把我自己平时几种对于人生的态度随便拿来做一次谈料。

我有两种看待人生的方法。在第一种方法里，我把我自己摆在前台，和世界一切人和物在一块玩把戏；在第二种方法里，我把我自己摆在后台，袖手看旁人在那儿装腔作势。

站在前台时，我把我自己看得和旁人一样，不但和旁人一样，并且和鸟兽虫鱼诸物类也都一样。人类比其他物类痛苦，就因为人类把自己看得比其他物类重要。人类中有一部分人比其余的人苦痛，就因为这一部分人把自己比其余的人看得重要。比方穿衣吃饭是多么简单的事，然而在这个世界里居然成为一个极重要的问题，就因为有一部分人要亏人自肥。再比方生死，这又是多么简单的事，无量数人和无量数物都已生过来死过去了。一个小虫让车轮压死了，或者一朵鲜花被狂风吹落了，在虫和花自己都决不值得计较或留恋，而在人类则生老病死以后偏要加上一个苦字。这无非是因为人们希望造物主宰待他们自己应该比草木虫鱼特别优厚。

　　因为如此着想，我把自己看作草木虫鱼的侪辈，草木虫鱼在和风甘露中是那样活着，在炎暑寒冬中也还是那样活着。像庄子所说的，它们"诱然皆生，而不知其所以生；同焉皆得，而不知其所以得"。它们时而戾天跃渊，欣欣向荣，时而含葩敛翅，晏然蛰处，都顺着自然所赋予的那一副本性。它们决不计较生活应该是如何，决不追究生活是为着什么，也决不埋怨上天待它们特薄，把它们供人类宰割凌虐。在它们说，生活自身就是方法，生活自身也就是目的。

　　从草木虫鱼的生活，我觉得一个经验。我不在生活以外别求生活方法，不在生活以外别求生活目的。

世间少我一个，多我一个，或者我时而幸运，时而受灾祸侵逼，我以为这都无伤天地之和。你如果问我，人们应该如何生活才好呢？我说，就顺着自然所给的本性生活着，像草木虫鱼一样。你如果问我，人们生活在这幻变无常的世相中究竟为着什么？我说，生活就是为着生活，别无其他目的。你如果向我埋怨天公说，人生是多么苦恼啊！我说，人们并非生在这个世界来享幸福的，所以那并不算奇怪。

这并不是一种颓废的人生观。你如果说我的话带有颓废的色彩，我请你在春天到百花齐放的园子里去，看看蝴蝶飞，听听鸟儿鸣，然后再回到十字街头，仔细瞧瞧人们的面孔，你看谁的活泼，谁是颓废？请你在冬天积雪凝寒的时候，看看雪压的松树，看看站在冰上的鸥和游在水中的鱼，然后再回头看看遇苦便叫的那"万物之灵"，你以为谁比较能耐苦持恒呢？

我拿人比禽兽，有人也许目为异端邪说。其实我如果要援引"经典"，称道孔孟以辩护我的见解，也并不是难事。孔子所谓"知命"，孟子所谓"尽性"，庄子所谓"齐物"，宋儒所谓"廓然大公，物来顺应"，和希腊廊下派哲学，我都可以引申成一篇经义文,做我的护身符。然而我觉得这大可不必。我虽不把自己比旁人看得重要,我也不把自己看得比旁人分外低能,如果我的理由是理由,就不用仗先圣先贤的声威。

以上是我站在前台对于人生的态度。但是我平时很欢喜站在后台看人生。许多人把人生看作只有善恶分别的,所以他们的态度不是留恋,就是厌恶。我站在后台时把人和物也一律看待,我看西施、嫫母、秦桧、岳飞也和我看八哥、鹦鹉、甘草、黄连一样,我看匠人盖屋也和我看鸟鹊营巢、蚂蚁打洞一样,我看战争也和我看斗鸡一样,我看恋爱也和我看雄蜻蜓追雌蜻蜓一样。因此,是非善恶对我都无意义,我只觉得对着这些纷纭扰攘的人和物,好比看图画,好比看小说,件件都很有趣味。

这些有趣味的人和物之中自然也有一个分别。有些有趣味,是因为它们带有很浓厚的喜剧成分;有些有趣味,是因为它们带有很深刻的悲剧成分。

我有时看到人生的喜剧。前天遇见一个小外交官,他的上下巴都光光如也,和人说话时却常常用大拇指和食指在腮旁捻一捻,像有胡须似的。他们说这是官气,我看到这种举动比看诙谐画还更有趣味。许多年前一位同事常常很气愤地向人说:"如果我是一个女子,我至少已接得一尺厚的求婚书了!"偏偏他不是女子,这已经是喜剧;何况他又麻又丑,纵然他幸而为女子,也决不会有求婚书的麻烦,而他却以此沾沾自喜,这总算得喜剧之喜剧了。这件事和英国文学家哥尔德斯密斯的一段逸事一样有趣。他有一次陪几个女子在荷兰某一个桥上散步,看见桥上行人个个都注意他同行的女子,而没有一个人睬他自己,便板起面孔很气愤地说:"哼,在别地方也有人这样看我咧!"如此等类的事,我天天都见得着。在闲静寂寞的时候,我把这一类的小小事件从记忆中召回来,寻思玩味,觉得比抽烟饮茶还更有味。老实说,假如这个世界中没有曹雪芹所描写的刘姥姥,没有吴敬梓所描写的严贡生,没有莫里哀所描写的达尔杜弗和阿巴贡,生命更不值得留恋了。我感谢刘姥姥、严贡生一流人物,更甚于我感谢钱塘的潮和匡庐的瀑。

其次,人生的悲剧尤其能使我惊心动魄;许多人因为人生多悲剧而悲观厌世,我却以为人生有价值正因其有悲剧。我在几年前做的《无言之美》里曾说明这个道理,现在引一段来:

我们所居的世界是最完美的,就因为它是最不完美的。这话表面看去,不通已极,但是实含有至理。假如世界是完美的,人类所过的生活——比好一点,是神仙的生活,比坏一点,就是猪的生活——便呆板单调已极,因为倘若件件都尽美尽善了,自然没有希望发生,更没有努力奋斗的必要。人生最可乐的就是活动所生的感觉,就是奋斗成功而得的快慰。世界既完美,我们如何能尝创造成功的快慰?这个世界之所以美满,就在有缺陷,就在有希望的机会,有想象的田地。换句话说,世界有缺陷,可能性才大。

这个道理李石岑先生在《一般》三卷三号所发表的《缺陷论》里也说得很透辟。悲剧也就是人生一种缺陷。它好比洪涛巨浪,令人在平凡中见出庄严,在黑暗中见出光彩。假如荆轲真正刺中秦始皇,林黛玉真正嫁了贾宝玉,也不过闹个平凡收场,哪得叫千载以后的人唏嘘赞叹?以李太白那样天才,偏要和江淹戏弄笔墨,作了一篇《拟恨赋》,和《上韩荆州书》一样庸俗无味。毛声山评《琵琶记》,说他有意要做"补天石"传奇十种,把古今几件悲剧都改个快活收场,他没有实行,总算是一件幸事。人生本来要有悲剧才能算人生,你偏想把它一笔勾销,不说你勾销不去,就是勾销去了,人生反更索然寡趣。所以我无论站在前台或站在后台时,对于失败,对于罪孽,对于殃咎,都是用一副冷眼看待,都是用一个热心惊赞。

朋友,我感谢你费去宝贵的时光读我的这十二封信,如果你不厌倦,将来我也许常常和你通信闲谈,现在让我暂时告别吧!

你的朋友　孟实

附录一

无言之美

孔子有一天突然很高兴地对他的学生说:"予欲无言。"子贡就接着问他:"子如不言,则小子何述焉?"孔子说:"天何言哉?四时行焉,百物生焉。天何言哉?"

这段赞美无言的话,本来从教育方面着想。但是要明了无言的意蕴,宜从美术观点去研究。

言所以达意,然而意决不是完全可以言达的。因为言是固定的,有迹象的;意是瞬息万变,飘渺无踪的。言是散碎的,意是混整的。言是有限的,意是无限的。以言达意,好像用继续的虚线画实物,只能得其近似。

所谓文学,就是以言达意的一种美术。在文学作品中,语言之先的意象,和情绪意旨所附丽的语言,都要尽美尽善,才能引起美感。

尽美尽善条件很多。但是第一要不违背美术的基本原理，要"和自然逼真"（true to nature）：这句话讲得通俗一点，就是说美术作品不能说谎。不说谎包含有两种意义：一、我们所说的话，就恰似我们所想说的话。二、我们所想说的话，我们都吐肚子说出来了，毫无余蕴。

意既不可以完全达之以言，"和自然逼真"一个条件在文学上不是做不到吗？或者我们问得再直截一点，假使语言文字能够完全传达情意，假使笔之于书的和存之于心的铢两悉称，丝毫不爽，这是不是文学上所应希求的一件事？

这个问题是了解文学及其他美术所必须回答的。现在我们姑且答道：文字语言固然不能完全传达情绪意旨，假使能够，也并非文学所应希求的。一切美术作品也都是这样，尽量表现，非惟不能，而也不必。

先从事实下手研究。譬如有一个荒村或任何物体，摄影家把它照一幅相，美术家把它画一幅图。这种相片和图画可以从两个观点去比较：第一，相片或图画，哪一个较"和自然逼真"？不消说得，在同一视阈以内的东西，相片都可以包罗尽致，并且体积比例和实物都两两相称，不会有丝毫错误。图画就不然；美术家对一种境遇,未表现之先,先加一番选择。选择定的材料还须经过一番理想化,把美术家的人格参加进去,然后表现出来。所表现的只是实物一部分,就连这一部分也不必和实物完全一致。所以图画决不能如相片一样"和自然逼真"。第二,我们再问,相片和图画所引起的美感哪一个浓厚,所发生的印象哪一个深刻,这也不消说,稍有美术口胃的人都觉得图画比相片美得多。

　　文学作品也是同样。譬如《论语》,"子在川上曰:'逝者如斯夫,不舍昼夜!'"几句话决没完全描写出孔子说这番话时候的心境,而"如斯夫"三字更笼统,没有把当时的流水形容尽致。如果说详细一点,孔子也许这样说:"河水滚滚地流去,日夜都是这样,没有一刻停止。世界上一切事物不都像这流水时常变化不尽吗?过去的事物不就永远过去绝不回头吗?我看见这流水心中好不惨伤呀!……"但是纵使这样说去,还没有尽意。而比较起来,"逝者如斯夫,不舍昼夜!"九个字比这段长而臭的演义就值得玩味多了!在上等文学作品中,——尤其在诗词中——这种言不尽意的例子处处都可以看见。譬如陶渊明的《时运》,"有风自南,翼彼新苗";《读〈山海经〉》,

"微雨从东来,好风与之俱";本来没有表现出诗人的情绪,然而玩味起来,自觉有一种闲情逸致,令人心旷神怡。钱起的《省试湘灵鼓瑟》末二句,"曲终人不见,江上数峰青",也没有说出诗人的心绪,然而一种凄凉惜别的神情自然流露于言语之外。此外像陈子昂的《登幽州台歌》,"前不见古人,后不见来者,念天地之悠悠,独怆然而涕下!"李白的《怨情》,"美人卷珠帘,深坐颦蛾眉。但见泪痕湿,不知心恨谁。"虽然说明了诗人的情感,而所说出来的多么简单,所含蓄的多么深远!再就写景说,无论何种境遇,要描写得惟妙惟肖,都要费许多笔墨。但是大手笔只选择两三件事轻描淡写一下,完全境遇便呈露眼前,栩栩如生。譬如陶渊明的《归园田居》,"方宅十余亩,草屋八九间。榆柳荫后檐,桃李罗堂前。暧暧远人村,依依墟里烟。狗吠深巷中,鸡鸣桑树巅。"四十字把乡村风景描写得多么真切!再如杜工部的《后出塞》。"落日照大旗,马鸣风萧萧。平沙列万幕,部伍各见招。中天悬明月,令严夜寂寥。悲笳数声动,壮士惨不骄。"寥寥几句话,把月夜沙场状况写得多么有声有色!然而仔细观察起来,乡村景物还有多少为陶渊明所未提及,战地情况还有多少为杜工部所未提及。从此可知文学上我们并不以尽量表现为难能可贵。

在音乐里面，我们也有这种感想。凡是唱歌奏乐，音调由洪壮急促而变到低微以至于无声的时候，我们精神上就有一种沉默肃穆和平愉快的景象。白香山在《琵琶行》里形容琵琶声音暂时停顿的情况说，"水泉冷涩弦凝绝，凝绝不通声暂歇。别有幽愁暗恨生，此时无声胜有声。"这就是形容音乐上无言之美的滋味。著名英国诗人济慈（Keats）在《希腊花瓶歌》也说，"听得见的声调固然幽美，听不见的声调尤其幽美"（Heard melodies are sweet; but those unheard are sweeter），也是说同样道理。大概喜欢音乐的人都尝过此中滋味。

就戏剧说，无言之美更容易看出。许多作品往往在热闹场中动作快到极重要的一点时，忽然万籁俱寂，现出一种沉默神秘的景象。梅特林克（Maeterlinck）的作品就是好例。譬如《青鸟》的布景，择夜阑人静的时候，使重要角色睡得很长久，就是利用无言之美的道理。梅氏并且说："口开则灵魂之门闭，口闭则灵魂之门开。"赞无言之美的话不能比此更透辟了。莎士比亚的名著《哈姆雷特》一剧开幕便描写更夫守夜的状况,德林瓦特(Drinkwater)在其《林肯》中描写林肯在南北战争军事旁午的时候跪着默祷,王尔德(O. Wilde)的《温德梅尔夫人的扇子》里面描写温德梅尔夫人私奔在她的情人寓所等候的状况,都在兴酣局紧,心悬悬渴望结局时,放出沉默神秘的色彩,都足以证明无言之美的。近代又有一种哑剧和静的布景,或只有动作而无言语,或连动作也没有,就专靠无言之美引人入胜了。

雕刻塑像本来是无言的,也可以拿来说明无言之美。所谓无言,不一定指不说话,是注重在含蓄不露。雕刻以静体传神,有些是流露的,有些是含蓄的。这种分别在眼睛上尤其容易看见。中国有一句谚语说,"金刚怒目,不如菩萨低眉",所谓怒目,便是流露;所谓低眉,便是含蓄。凡看低头闭目的神像,所生的印象往往特别深刻。最有趣的就是西洋爱神的雕刻,她们男女都是瞎了眼睛。这固然根据希腊的神话,然而实在含有美术的道理,因为爱情通常都在眉目间流露,而流露爱情的眉目是最难比拟的。所以索性雕成盲目,可以耐人寻思。当初雕刻家原不必有意为此,但这些也许是人类不用意识而自然碰的巧。

要说明雕刻上流露和含蓄的分别,希腊著名雕刻

《拉奥孔》（Laocoon）是最好的例子。相传拉奥孔犯了大罪，天神用了一种极惨酷的刑法来惩罚他，遣了一条恶蛇把他和他的两个儿子在一块绞死了。在这种极刑之下，未死之前当然有一种悲伤惨戚目不忍睹的一顷刻，而希腊雕刻家并不擒住这一顷刻来表现，他只把将达苦痛极点前一顷刻的神情雕刻出来，所以他所表现的悲哀是含蓄不露的。倘若是流露的，一定带了挣扎呼号的样子。这个雕刻，一眼看去，只觉得他们父子三人都有一种难言之恫；仔细看去，便可发见条条筋肉根根毛孔都暗示一种极苦痛的神情。德国莱辛（Lessing）的名著《拉奥孔》就根据这个雕刻，讨论美术上含蓄的道理。

以上是从各种艺术中信手拈来的几个实例。把这些个别的实例归纳在一起，我们可以得一个公例，就是：拿美术来表现思想和情感，与其尽量流露，不如稍有含蓄；与其吐肚子把一切都说出来，不如留一大部分让欣赏者自己去领会。因为在欣赏者的头脑里所生的印象和美感，有含蓄比较尽量流露的还要更加深刻。换句话说，说出来的越少，留着不说的越多，所引起的美感就越大越深越真切。

这个公例不过是许多事实的总结束。现在我们要进一步求出解释这个公例的理由。我们要问何以说得越少，引起的美感反而越深刻？何以无言之美有如许势力？

想答复这个问题，先要明白美术的使命。人类何以有美术的要求？这个问题本非一言可尽。现在我们姑且说，美术是帮助我们超现实而求安慰于理想境界的。人类的意志可向两方面发展：一是现实界，一是理想界。不过现实界有时受我们的意志支配，有时不受我们的意志支配。譬如我们想造一所房屋，这是一种意志。要达到这个意志，必费许多力气去征服现实，要开荒辟地，要造砖瓦，要架梁柱，要赚钱去请泥水匠。这些事都是人力可以办到的，都是可以用意志支配的。但是现实界凡物皆向地心下坠一条定律，就不可以用意志征服。所以意志在现实界活动，处处遇障碍，处处受限制，不能圆满地达到目的，实际上我们的意志十之八九都要受现实限制，不能自由发展。譬如谁不想有美满的家庭？谁不想住在极乐国？然而在现实界决没有所谓极乐美满的东西存在。因此我们的意志就不能不和现实发生冲突。

一般人遇到意志和现实发生冲突的时候，大半让现实征服了意志，走到悲观烦闷的路上去，以为件件事都不如人意，人生还有什么意味？所以堕落、自杀、逃空门种种的消极的解决法就乘虚而入了，不过这种消极的人生观不是解决意志和现实冲突最好的方法。因为我们人类生来不是懦弱者，而这种消极的人生观甘心让现实把意志征服了，是一种极懦弱的表示。

　　然则此外还有较好的解决吗？有的，就是我所谓超现实。我们处世有两种态度。人力所能做到的时候，我们竭力征服现实。人力莫可奈何的时候，我们就要暂时超脱现实，储蓄精力待将来再向他方面征服现实。超脱到哪里去呢？超脱到理想界去。现实界处处有障碍有限制，理想界是天空任鸟飞，极空阔极自由的。现实界不一定可以造空中楼阁，理想界是可以造空中楼阁的。现实界没有尽美尽善，理想界是有尽美尽善的。

　　姑取实例来说明。我们走到小城市里去，看见街道窄狭污浊，处处都是阴沟厕所，当然感觉不快，而意志立时就要表示态度。如果意志要征服这种现实哩，我们就要把这种街道房屋一律拆毁，另造宽大的马路和清洁的房屋。但是谈何容易？物质上发生种种障碍，这一层就不一定可以做到。意志在此时如何对付呢？他说：我要超脱现实，去在理想界造成理想的街道房屋来，把它表现在图画上，表现在雕刻上，表现在诗文上。于是结果有所谓美术作品。美术家成了一件作品，自己觉得有创造的大力，当然快乐已极。旁人看见这种作品，觉得它真美丽，于是也愉快起来了，这就是所谓美感。

因此美术家的生活就是超现实的生活；美术作品就是帮助我们超脱现实到理想界去求安慰的。换句话说，我们有美术的要求，就因为现实界待遇我们太刻薄，不肯让我们的意志推行无碍，于是我们的意志就跑到理想界去求慰情的路径。美术作品之所以美，就美在它能够给我们很好的理想境界。所以我们可以说，美术作品的价值高低就看它超现实的程度大小，就看它所创造的理想世界是阔大还是窄狭。

但是美术又不是完全可以和现实界绝缘的。它所用的工具——例如雕刻用的石头，图画用的颜色，诗文用的语言——都是在现实界取来的。它所用的材料——例如人物情状悲欢离合——也是现实界的产物。所以美术可以说是以毒攻毒，利用现实的帮助以超脱现实的苦恼。上面我们说过，美术作品的价值高低要看它超脱现实的程度如何。这句话应稍加改正，我们应该说，美术作品的价值高低，就看它能否借极少量的现实界的帮助，创造极大量的理想世界出来。

在实际上说，美术作品借现实界的帮助愈少，所创造的理想世界也因而愈大。再拿相片和图画来说明。何以相片所引起的美感不如图画呢？因为相片上一形一影，件件都是真实的，而且应有尽有，发泄无遗。我们看相片，种种形影好像钉子把我们的想象力都钉死了。看到相片，好像看到二五，就只能想到一十，不能想到其他数目。换句话说，相片把事物看得忒真，没有给我们以想象余地。所以相片，只能抄写现实界，不能创造理想界。图画就不然。图画家用美术眼光，加一番选择的功夫，在一个完全境遇中选择了一小部分事物，把它们又经过一番理想化，然后才表现出来。惟其留着一大部分不表现，欣赏者的想象力才有用武之地。想象作用的结果就是一个理想世界。所以图画所表现的现实世界虽极小而创造的理想世界则极大。孔子谈教育说，"举一隅不以三隅反，则不复也。"相片是把四隅通举出来了，不要你劳力去"复"。图画就只举一隅，叫欣赏者加一番想象，然后"以三隅反"。

流行语中有一句说："言有尽而意无穷。"无穷之意达之以有尽之言，所以有许多意，尽在不言中。文学之所以美，不仅在有尽之言，而尤在无穷之意。推广地说，美术作品之所以美，不是只美在已表现的一部分，尤其是美在未表现而含蓄无穷的一大部分，这就是本文所谓无言之美。

因此美术要"和自然逼真"一个信条应该这样解释：和自然逼真是要窥出自然的精髓所在，而表现出来；不是说要把自然当作一篇印版文字，很机械地抄写下来。

这里有一个问题会发生。假使我们欣赏美术作品，要注重在未表现而含蓄着的一部分，要超"言"而求"言外意"，各个人有各个人的见解，所得的言外意不是难免殊异吗？当然，美术作品之所以美，就美在有弹性，能拉得长，能缩得短。有弹性所以不呆板。同一美术作品，你去玩味有你的趣味，我去玩味有我的趣味。譬如莎氏乐府所以在艺术上占极高位置，就因为各种阶级的人在不同的环境中都欢喜读它。有弹性所以不陈腐。同一美术作品，今天玩味有今天的趣味，明天玩味有明天的趣味。凡是经不得时代淘汰的作品都不是上乘。上乘文学作品，百读都令人不厌的。

就文学说，诗词比散文的弹性大；换句话说，诗词比散文所含的无言之美更丰富。散文是尽量流露的，愈发挥尽致，愈见其妙。诗词是要含蓄暗示，若即若离，才能引人入胜。现在一般研究文学的人都偏重散文——尤其是小说，对于诗词很疏忽。这件事实可以证明一般人文学欣赏力很薄弱。现在如果要提高文学，必先提高文学欣赏力，要提高文学欣赏力，必先在诗词方面特下功夫，把鉴赏无言之美的能力养得很敏捷。因此我很希望文学创作者在诗词方面多努力，而学校国文课程中诗歌应该占一个重要的位置。

本文论无言之美，只就美术一方面着眼。其实这个道理在伦理、哲学、教育、宗教及实际生活各方面，都不难发现。老子《道德经》开卷便说："道可道，非常道；名可名，非常名。"这就是说伦理哲学中有无言之美，儒家谈教育，大半主张潜移默化。所以拿时雨春风做比喻。佛教及其他宗教之能深入人心，也是借沉默神秘的势力。幼稚园创造者蒙台梭利利用无言之美的办法尤其有趣。在她的幼稚园里，教师每天趁儿童玩得很热闹的时候，猛然地在粉板上写一"静"字，或奏一声琴。全体儿童于是都跑到自己的座位去，闭着眼睛蒙着头伏案假睡的姿势，但是他们不可睡着。

几分钟后，教师又用很轻微的声音，从颇远的地方呼唤各个儿童的名字。听见名字的就要立刻醒起来。这就是使儿童可以在沉默中领略无言之美。

就实际生活方面说，世间最深切的莫如男女爱情。爱情摆在肚子里面比摆在口头上来得恳切。"齐心同所愿，含意俱未伸"和"更无言语空相觑"，比较"细语温存"、"怜我怜卿"的滋味还要更加甜蜜。英国诗人布莱克（Blake）有一首诗叫做《爱情之秘》（Love's Secret）里面说：

（一）

切莫告诉你的爱情，
爱情是永远不可以告诉的，
因为她像微风一样，
不做声不做气地吹着。

（二）

我曾经把我的爱情告诉而又告诉，
我把一切都披肝沥胆地告诉爱人了，
打着寒颤，耸头发地告诉，
然而她终于离我去了！

（三）

> 她离我去了，
> 不多时一个过客来了。
> 不做声不做气地，只微叹一声，
> 便把她带去了。

这首短诗描写爱情上无言之美的势力，可谓透辟已极了。本来爱情完全是一种心灵的感应，其深刻处是老子所谓不可道不可名的。所以许多诗人以为"爱情"两个字本身就太滥太寻常太乏味，不能拿来写照男女间神圣深挚的情绪。

其实何止爱情？世间有许多奥妙，人心有许多灵悟，都非言语可以传达，一经言语道破，反如甘蔗渣滓，索然无味。这个道理还可以推到宇宙人生诸问题方面去。我们所居的世界是最完美的，就因为它是最不完美的。这话表面看去，不通已极。但是实在含有至理。假如世界是完美的，人类所过的生活——比好一点，是神仙的生活，比坏一点，就是猪的生活——便呆板单调已极，因为倘若件件都尽善尽美了，自然没有希望发生，更没有努力奋斗的必要。人生最可乐的就是活动所生的感觉，就是奋斗成功而得的快慰。世界既完美，我们如何能尝创造成功的快慰？这个世界之所以美满，就在有缺陷，就在有希望的机会，有想象的田地。换句话说，世界有缺陷，可能性（potentiality）才大。这种可能而未能的状况就是无言之美。世间有许多奥妙，要留着不说出；世间有许多理想，也应该留着不实现。因为实现以后，跟着"我知道了！"的快慰便是"原来不过如是！"的失望。

天上的云霞有多么美丽！风涛虫鸟的声息有多么和谐！用颜色来摹绘，用金石丝竹来比拟，任何美术家也是作践天籁，糟蹋自然！无言之美何限？让我这种拙手来写照，已是糟粕枯骸！这种罪过我要完全承认的。倘若有人骂我胡言乱道，我也只好引陶渊明的诗回答他说："此中有真意，欲辩已忘言！"

1924年仲冬上于上虞白马湖

附录二

悼夏孟刚

此稿曾载立达学园校刊,因为可以代表我对于自杀的意见,所以特载于此。

今晨接得慕陶和澄弟的信,但道夏孟刚已于4月12日服氰化钾自杀了。近来常有人世凄凉之感,听了孟刚的噩耗,烦忧隐恻,益觉不能自禁。

我在吴淞中国公学时,孟刚在我所教的学生中品学最好,而我属望于他也最殷,他平时沉静寡言语,但偶有议论,语语都来自衷曲,而见解也非一般青年所能及。那时他很喜欢托尔斯泰,他的思想,带有很深的托氏人生观的印痕。我有一个时期,也受过托尔斯泰的熏沐。我自惭根性浅薄,有些地方不能如孟刚之彻底深入;可是我们的心灵究竟有许多类似,所以一接触后，能交感共鸣。

中国公学阻于兵争以后，孟刚入浦东中学，我转徙苏浙，彼此还数相见。在这个时候，他介绍我认识了他的哥哥。他的父亲曾经在我的母校桐城中学当过教师。因此我们情感上更加一层温慰。江湾立达学园成立后，孟刚遂舍浦东来江湾。我因亟于去国，正想寻机会同他作一次深谈，他突然间得了父病的消息，就匆匆别我返松江叶榭了。

今年一月中，他来一封信，里面有这一段话：

> 您启程赴英的时候，我在家中不能听到"我去了"三字，至以为憾。我近来觉人生太无意味；我觉得世界上很少真正的同情者，——除去母性的外，也许绝无，——我觉得我是不可再活在世上和人类接触了；而尤其使我悲伤的就是我本来可以向他发发牢骚的哥哥已于暑假中死于北京，继而我的父亲也病没了。也许我过去的生活太偏于情感，——或太偏于理智。或者我的天性如此。我知道我请您教我，是无效果的，但是我又觉着不可不领领您的教。

我读过这封信为之悒然许久。我很疑虑我所属望最殷的孟刚或者于悲恸父兄之丧外,又不幸别触尘网。青年人大半都免不掉烦闷时期。但是我相信孟刚终当自能解脱。寄了一部歌德的《麦斯特游学记》给他读,希望他在这本书中能发见他所未曾见到的人生又一面。孟刚具有很强烈的感受伟大心灵之暗示的能力,我很希望他能私淑歌德抛开轻生的念头,替人类多造些光;哪里知道孟刚在写信给我的时候,就有自杀的决心,而那封信竟成绝笔!

孟刚自杀的近因,我不甚明了。但是就他的性格和遭际说,这次举动也不难解释。他不属于任何宗教,而宗教的情感则甚强烈。他对于世人的罪恶,感觉过于锐敏,托尔斯泰的影响本应该可以使他明了赦宥的美;可是他的性情耿介孤洁,不屑与世浮沉,只能得托氏之深的方面,未能得托氏之广的方面,其结果乃走于极端而生反动。孟刚固深于情者,慈爱的父兄既先后弃世,而友朋中能了解他心的深处者又甚寥寥。于此寥廓冷清的世界中,孟刚乃不幸又受命运之神最后的揶揄,而绝望于理想的爱。这些情境相凑合,孟刚遂惄然抛开垂暮的慈母而自杀了。

我不愿像柏拉图、叔本华一般人以伦理的眼光抨击自杀。生的自由倘若受环境剥夺了，死的自由谁也不能否认的。人们在罪恶的苦痛里过活，有许多只是苟且偷生，腼然不知耻。自杀是伟大意志之消极的表现。假如世界没有中国的屈原、希腊的塞诺（Zeno）、罗马的塞内加（Seneca）一类人的精神，其卑污顽劣，恐更不堪言状了。

人生是最繁复而诡秘的，悲字乐字都不足以概其全。愚者拙者混沌沌地过去，反倒觉得庸庸多厚福。具有湛思慧解的人总不免苦多乐少。悲观之极，总不出乎绝世绝我两路。自杀是绝世而兼绝我，但是自杀以外，绝非别无他路可走，最普通的是绝世而不绝我，这条路有两分支。一种人明知人世悲患多端而生命终归于尽，乃力图生前欢乐，以诙谐的眼光看游戏似的世事，这是以玩世为绝世的。此外也有些人既失望于人世欢乐之无常，而生老病死，头头是苦，于是遁入空门，为未来修行，这是以逃世为绝世的。苏曼殊的行迹大半还在一般人的记忆中。他是想逃世而终于只做到玩世的。玩世者与逃世者都只能绝世而不能绝我。不能绝我，便不能无赖于人。牵绊既未断尽，而人世忧患乃有时终不能不随之俱来。所以玩世与逃世，就人说，为不道德；就己说，为不彻底。衡量起来，还是自杀为直截了当。

　　自杀比较绝世而不绝我，固为彻底，然而较之绝我而不绝世，则又微有欠缺。什么叫做"绝我而不绝世"？就是流行语中所谓"舍己为群"，不过这四字用滥了，因而埋没了真义。所谓"绝我"，其精神类自杀，把涉及我的一切忧苦欢乐的观念一刀斩断。所谓"不绝世"，其目的在改造，在革命，在把现在的世界换过面孔，使罪恶苦痛，无自而生。这世界是污浊极了，苦痛我也受够了。我自己姑且不算吧，但是我自己堕入苦海了。我决不忍眼睁睁地看别人也跟我下水。我决计要努力把这个环境弄得完美些，使后我而来的人们免得再尝受我现在所尝受的苦痛。我自己不幸而为奴隶，我所以不惜粉身碎骨，努力打破这个奴隶制度，为他人争自由，这就是绝我而不绝世的态度。持这个态度最显明的要算释迦牟尼，他一身都是"以出世的精神，做入世的事业"。佛教到了末流，只能绝世而不能绝我，与释迦所走的路恰相背驰，这是释迦始料不及的。古今许多哲人、宗教家、革命家，如墨子、如耶稣、如甘地，都是从绝我出发到淑世的路上的。

　　假如孟刚也努力"以出世的精神，做入世的事业",他应该能打破几重使他苦痛而将来又要使他人苦痛的孽障。

但是,孟刚死了,幽明永隔,这番话又向谁告诉呢?

1926 年 5 月 18 日夜半于爱丁堡

代 跋

"再说一句话"

薰宇兄来信说他们有意把十二封信印成单行本,我把原稿复看一遍,想起冠在目录前页的布朗宁写完《五十个男与女》时在《再说一句话》中所说的那一个名句。

拿这本小册子和《男与女》并提,还不如拿蚂蚁所负的一粒谷与骆驼所负的千斤重载并提。但是一粒谷虽比千斤重载差得远,而蚂蚁负一粒谷却也和骆驼负千斤重载,同样卖气力。所以就蚂蚁的能力说,他所负的一粒谷其价值也无殊于骆驼所负的千斤重载。假如这个比拟可以做野人献曝的借口,让我渎袭布朗宁的名句,将这本小册子奉献给你吧。

"我的心寄托在什么地方,让我的脑也就寄托在那里。"这句话对于我还另有一个意义。我们原始的祖宗们都以为思想是要用心的。"心之官则思",所以

"思"和"想"都从"心"。西方人从前也是这样想，所以他们尝说："我的心告诉我如此如此。"据说近来心理学发达，人们思想不用心而用脑了。心只是管血液循环的。据威廉·詹姆斯派心理学家说，感情就是血液循环的和内脏移迁的结果。那么，心与其说是运思的不如说是生情的。科学家之说如此。

从前有一位授我《说文解字》的姚明晖老夫子要沟通中西，说思想要用脑，中国人早就知道了。据他说，思想的"思"字上部分的篆文并不是"田"字，实在是像脑形的。他还用了许多考据，可惜我这不成器的学生早把它丢在九霄云外了。国学家之说如此。

说来也很奇怪。我写这几篇小文字时，用心理学家所谓内省方法，考究思想到底是用心还是用脑，发见思想这件东西与其说是由脑里来的，还不如说是由心里来的，较为精当（至少在我是如此）。我所要说的话，都是由体验我自己的生活，先感到（feel）而后想到（think）的。换句话说，我的埋都是由我的情产生出来的，我的思想是从心出发而后再经过脑加以整理的。

这番闲话用意不在夸奖我自己"用心"思想，也不在推翻科学家思想用脑之说，尤其不在和杜亚泉先生辨"情与理"。我承认人生应有若干喜剧才行，所以把这种痴人的梦想随便说出博诸君一粲。

谈美

序

朱自清

新文化运动以来,文艺理论的介绍各新杂志上常常看见,就中自以关于文学的为主,别的偶然一现而已。同时各杂志的插图却不断地复印西洋名画,不分时代,不论派别,大都凭编辑人或他们朋友的嗜好。也有选印雕像的,但比较少。他们有时给这些名作来一点儿说明,但不说明的时候多。青年们往往将杂志当水火,当饭菜;他们从这里得着美学的知识,正如从这里得着许多别的知识一样。他们也往往应用这点知识去欣赏,去批评别人的作品,去创造自己的。不少的诗文和绘画就如此形成。但这种东鳞西爪积累起来的知识只是"杂拌儿";——还赶不上"杂拌儿",因为"杂拌儿"总算应有尽有,而这种知识不然。应用起来自然是够苦的,够张罗的。

从这种凌乱的知识里,得不着清清楚楚的美感观念。徘徊于美感与快感之间，考据批评与欣赏之间，自然美与艺术美之间，常时自己冲突，自己烦恼，而不知道怎样去解那连环。又如写实主义与理想主义就像是难分难解的一对冤家，公说公有理，婆说婆有理，各有一套天花乱坠的话。你有时乐意听这一造的，有时乐意听那一造的，好教你左右做人难！还有近年来习用的"主观的"、"客观的"两个名字，也不只一回"缠夹二先生"。因此许多青年腻味了，索性一切不管，只抱着一条道理，"有文艺的嗜好就可以谈文艺"。这是"以不了了之"，究竟"谈"不出什么来。留心文艺的青年，除这等难处外，怕更有一个切身的问题等着解决的。新文化是"外国的影响"，自然不错，但说一般青年不留余地地鄙弃旧的文学艺术，却非真理。他们觉得单是旧的"注"、"话"、"评"、"品"等不够透彻，必须放在新的光里看才行。但他们的力量不够应用新知识到旧材料上去，于是只好搁浅，并非他们愿意如此。

　　这部小书便是帮助你走出这些迷路的。它让你将那些杂牌军队改编为正式军队；裁汰冗弱，补充械弹，所谓"兵在精而不在多"。其次指给你一些简截不绕弯的道路让你走上前去，不至于彷徨在大野里，也不至于彷徨在牛角尖里。其次它告诉你怎样在咱们的旧环境中应用新战术;它自然只能给你一两个例子看,让你可以举一反三。它矫正你的错误,针砭你的缺失,鼓励你走向前去。作者是你的熟人,他曾写给你十二封信,他的态度的亲切和谈话的风趣,你是不会忘记的。在这书里他的希望是很大的,他说:

  悠悠的过去只是一片漆黑的天空,我们所以还能认识出来这漆黑的天空者,全赖思想家和艺术家所散布的几点星光。朋友,让我们珍重这几点星光!让我们也努力散布几点星光去照耀和那过去一般漆黑的未来。(第一章)

这却不是大而无当、远不可及的例话;他散布希望在每一个心里,让你相信你所能做的比你想你所能做的多。他告诉你美并不是天上掉下来的;它一半在物,一半在你,在你的手里,"一首诗的生命不是作者一个人所能维持住,也要读者帮忙才行。读者的想象和情感是生生不息的,一首诗的生命也就是生生不息的,它并非是一成不变的。"(第九章)"情感是生生不息的,意象也是生生不息的。……即景可以生情，因情也可以生景。所以诗是作不尽的。……诗是生命的表现。说诗已经作穷了，就不啻说生命已到了末日。"（第十一章）这便是"欣赏之中都寓有创造，创造之中也都寓有欣赏"（第九章）；是精粹的理解，同时结结实实地鼓励你。

孟实先生还写了一部大书，《文艺心理学》。但这本小册子并非节略；它自成一个完整的有机体；有些处是那部大书所不详的；有些是那里面没有的。——"人生的艺术化"一章是著名的例子，这是孟实先生自己最重要的理论。他分人生为广狭两义；艺术虽与"实际人生"有距离，与"整个人生"却并无隔阂；"因为艺术是情趣的表现，而情趣的根源就在人生。反之，离开艺术也便无所谓人生；因为凡是创造和欣赏都是艺术的活动。"他说："生活上的艺术家也不但能认真而且能摆脱。在认真时见出他的严肃，在摆脱时见出他的豁达。"又引西方哲人之说："至高的善在无所为而为的玩索"，以为这"还是一种美"。又说："一切哲学系统也都只能当作艺术作品去看。"又说："真理在离开实用而成为情趣中心时，就已经是美感的对象；……所以科学的活动也还是一种艺术的活动。"这样真善美便成了三位一体了。孟实先生引读者由艺术走入人生,又将人生纳入艺术之中。这种"宏远的眼界和豁达的胸襟",值得学者深思。文艺理论当有以观其会通;局于一方一隅,是不会有真知灼见的。

1932年4月,伦敦

开　场　话

朋友：

　　从写十二封信给你之后，我已经歇三年没有和你通消息了。你也许怪我疏懒，也许忘记几年前的一位老友了，但是我仍是时时挂念你。在这几年之内，国内经过许多不幸的事变，刺耳痛心的新闻不断地传到我这里来。听说我的青年朋友之中，有些人已遭惨死，有些人已因天灾人祸而废学，有些人已经拥有高官厚禄或是正在"忙"高官厚禄。这些消息使我比听到日本出兵东三省和轰炸淞沪时更伤心。在这种时候，我总是提心吊胆地念着你。你还是在惨死者之列呢？还是已经由党而官、奔走于大人先生之门而洋洋自得呢？

　　在这些提心吊胆的时候，我常想写点什么寄慰你。我本有许多话要说而终于缄默到现在者，也并非完全由于疏懒。在我的脑际盘旋的实际问题都很复杂错乱，它们所引起的感想也因而复杂错乱。现在青年不应该再有复杂错乱的心境了。他们所需要的不是一盆八宝饭而是一帖清凉散。想来想去，我决定来和你谈美。

谈美！这话太突如其来了！在这个危急存亡的年头，我还有心肝来"谈风月"吗？是的，我现在谈美，正因为时机实在是太紧迫了。朋友，你知道，我是一个旧时代的人，流落在这纷纭扰攘的新时代里面，虽然也出过一番力来领略新时代的思想和情趣，仍然不免抱有许多旧时代的信仰。我坚信中国社会闹得如此之糟，不完全是制度的问题，是大半由于人心太坏。我坚信情感比理智重要，要洗刷人心，并非几句道德家言所可了事，一定要从"怡情养性"做起，一定要于饱食暖衣、高官厚禄等等之外，别有较高尚、较纯洁的企求。要求人心净化，先要求人生美化。

人要有出世的精神才可以做入世的事业。现世只是一个密密无缝的利害网，一般人不能跳脱这个圈套，所以转来转去，仍是被利害两个大字系住。在利害关系方面，人已最不容易调协，人人都把自己放在首位，欺诈、凌虐、劫夺种种罪孽都种根于此。美感的世界纯粹是意象世界，超乎利害关系而独立。在创造或是欣赏艺术时,人都是从有利害关系的实用世界搬家到绝无利害关系的理想世界里去。艺术的活动是"无所为而为"的。我以为无论是讲学问或是做事业的人都要抱有一副"无所为而为"的精神,把自己所做的学问事业当作一件艺术品看待,只求满足理想和情趣,不斤斤于利害得失,才可以有一番真正的成就。伟大的事业都出于宏远的眼界和豁达的胸襟。如果这两层不讲究,社会上多一个讲政治经济的人,便是多一个借党忙官的人;这种人愈多,社会愈趋于腐浊。现在一般借党忙官的政治学者和经济学者以及冒牌的哲学家和科学家所给人的印象只要一句话就说尽了——"俗不可耐"。

　　人心之坏,由于"未能免俗"。什么叫做"俗"?这无非是像蛆钻粪似的求温饱,不能以"无所为而为"的精神作高尚纯洁的企求;总而言之,"俗"无非是缺乏美感的修养。

　　在这封信里我只有一个很单纯的目的,就是研究如何"免俗"。这事本来关系各人的性分,不易以言语晓喻,我自己也还是一个"未能免俗"的人,但是我时常领略到能免俗的趣味,这大半是在玩味一首诗、一幅画或是一片自然风景的时候。我能领略到这种趣味，自信颇得力于美学的研究。在这封信里我就想把这一点心得介绍给你。假若你看过之后，看到一首诗、一幅画或是一片自然风景的时候，比较从前感觉到较浓厚的趣味，懂得像什么样的经验才是美感的，然后再以美感的态度推到人生世相方面去，我的心愿就算达到了。

在写这封信之前，我曾经费过一年的光阴写了一部《文艺心理学》。这里所说的话大半在那里已经说过，我何必又多此一举呢？在那部书里我向专门研究美学的人说话，免不了引经据典，带有几分掉书囊的气味；在这里我只是向一位亲密的朋友随便谈谈，竭力求明白晓畅。在写《文艺心理学》时，我要先看几十部书才敢下笔写一章；在写这封信时，我和平时写信给我的弟弟妹妹一样，面前一张纸，手里一管笔，想到什么便写什么，什么书也不去翻看，我所说的话都是你所能了解的，但是我不敢勉强要你全盘接收。这是一条思路，你应该趁着这条路自己去想。一切事物都有几种看法，我所说的只是一种看法，你不妨有你自己的看法。我希望你把你自己所想到的写一封回信给我。

一 我们对于一棵古松的三种态度
——实用的、科学的、美感的

我刚才说,一切事物都有几种看法。你说一件事物是美的或是丑的,这也只是一种看法。换一个看法,你说它是真的或是假的;再换一种看法,你说它是善的或是恶的。同是一件事物,看法有多种,所看出来的现象也就有多种。

比如园里那一棵古松,无论是你是我或是任何人一看到它,都说它是古松。但是你从正面看,我从侧面看,你以幼年人的心境去看,我以中年人的心境去看,这些情境和性格的差异都能影响到所看到的古松的面目。古松虽只是一件事物,你所看到的和我所看到的古松却是两件事。假如你和我各把所得的古松的印象画成一幅画或是写成一首诗,我们俩艺术手腕尽管不分上下,你的诗和画与我的诗和画相比较,却有许多重要的异点。这是什么缘故呢？这就由于知觉不完全是客观的，各人所见到的物的形象都带有几分主观的色彩。

假如你是一位木商，我是一位植物学家，另外一位朋友是画家，三人同时来看这棵古松。我们三人可以说同时都"知觉"到这一棵树，可是三人所"知觉"到的却是三种不同的东西。你脱离不了你的木商的心习，你所知觉到的只是一棵做某事用值几多钱的木料。我也脱离不了我的植物学家的心习，我所知觉到的只是一棵叶为针状、果为球状、四季常青的显花植物。我们的朋友——画家——什么事都不管，只管审美，他所知觉到的只是一棵苍翠劲拔的古树。我们三人的反应态度也不一致。你心里盘算它是宜于架屋或是制器，思量怎样去买它，砍它，运它。我把它归到某类某科里去，注意它和其他松树的异点，思量它何以活得这样老。我们的朋友却不这样东想西想，他只在聚精会神地观赏它的苍翠的颜色，它的盘屈如龙蛇的线纹以及它的昂然高举、不受屈挠的气概。

从此可知这棵古松并不是一件固定的东西，它的形象随观者的性格和情趣而变化。各人所见到的古松的形象都是各人自己性格和情趣的返照。古松的形象一半是天生的,一半也是人为的。极平常的知觉都带有几分创造性;极客观的东西之中都有几分主观的成分。

美也是如此。有审美的眼睛才能见到美。这棵古松对于我们的画画的朋友是美的,因为他去看它时就抱了美感的态度。你和我如果也想见到它的美,你须得把你那种木商的实用的态度丢开,我须得把植物学家的科学的态度丢开,专持美感的态度去看它。

这三种态度有什么分别呢?

先说实用的态度。做人的第一件大事就是维持生活。既要生活,就要讲究如何利用环境。"环境"包含我自己以外的一切人和物在内,这些人和物有些对于我的生活有益,有些对于我的生活有害,有些对于我不关痛痒。我对于他们于是有爱恶的情感,有趋就或逃避的意志和活动。这就是实用的态度。实用的态度起于实用的知觉,实用的知觉起于经验。小孩子初出世,第一次遇见火就伸手去抓,被它烧痛了,以后他再遇见火,便认识它是什么东西,便明了它是烧痛手指的,火对于他于是有意义。事物本来都是很混乱的,人为便利实用起见,才像被火烧过的小孩子根据经验把四围事物分类立名,说天天吃的东西叫做

"饭",天天穿的东西叫做"衣",某种人是朋友,某种人是仇敌,于是事物才有所谓"意义"。意义大半都起于实用。在许多人看,衣除了是穿的,饭除了是吃的,女人除了是生小孩的一类意义之外,便寻不出其他意义。所谓"知觉",就是感官接触某种人或物时心里明了他的意义。明了他的意义起初都只是明了他的实用。明了实用之后,才可以对他起反应动作,或是爱他,或是恶他,或是求他,或是拒他,木商看古松的态度便是如此。

科学的态度则不然。它纯粹是客观的,理论的。所谓客观的态度就是把自己的成见和情感完全丢开,专以"无所为而为"的精神去探求真理。理论是和实用相对的。理论本来可以见诸实用,但是科学家的直接目的却不在于实用。科学家见到一个美人,不说我要去向她求婚,她可以替我生儿子,只说我看她这人很有趣味,我要来研究她的生理构造,分析她的心理组织。科学家见到一堆粪,不说它的气味太坏,我要掩鼻走开,只说这堆粪是一个病人排泄的,我要分析它的化学成分,看看有没有病菌在里面。科学家自然也有见到美人就求婚,见到粪就掩鼻走开的时候,但是那时候他已经由科学家还到实际人的地位了。科学的态度之中很少有情感和意志，它的最重要的心理活动是抽象的思考。科学家要在这个混乱的世界中寻出事物的关系和条理，纳个物于概念，从原理演个例，分出某者为因，某者为果，某者为特征，某者为偶然性。植物学家看古松的态度便是如此。

木商由古松而想到架屋、制器、赚钱等等，植物学家由古松而想到根茎花叶、日光水分等等，他们的意识都不能停止在古松本身上面。不过把古松当作一块踏脚石，由它跳到和它有关系的种种事物上面去。所以在实用的态度中和科学的态度中，所得到的事物的意象都不是独立的、绝缘的，观者的注意力都不是专注在所观事物本身上面的。注意力的集中，意象的孤立绝缘，便是美感的态度的最大特点。比如我们的画画的朋友看古松，他把全副精神都注在松的本身上面，古松对于他便成了一个独立自足的世界。他忘记他的妻子在家里等柴烧饭，他忘记松树在植物教科书里叫做显花植物，总而言之，古松完全占领住他的意识，古松以外的世界他都视而不见、听而不闻了。他只把古松摆在心眼面前当作一幅画去玩味。他不计较实用，所以心中没有意志和欲念；他不推求关系、条理、因果等等，所以不用抽象的思考。这种脱净了意志和抽象思考的心理活动叫做"直觉",直觉所见到的孤立绝缘的意象叫做"形象"。美感经验就是形象的直觉,美就是事物呈现形象于直觉时的特质。

实用的态度以善为最高目的,科学的态度以真为最高目的,美感的态度以美为最高目的。在实用态度中,我们的注意力偏在事物对于人的利害,心理活动偏重意志,在科学的态度中,我们的注意力偏在事物间的互相关系,心理活动偏重抽象的思考;在美感的态度中,我们的注意力专在事物本身的形象,心理活动偏重直觉。真善美都是人所定的价值,不是事物所本有的特质。离开人的观点而言,事物都混然无别,善恶、真伪、美丑就漫无意义。真善美都含有若干主观的成分。

就"用"字的狭义说,美是最没有用处的。科学家的目的虽只在辨别真伪,他所得的结果却可效用于人类社会。美的事物如诗文、图画、雕刻、音乐等等都是寒不可以为衣,饥不可以为食的。从实用的观点看,许多艺术家都是太不切实用的人物。然则我们又何必来讲美呢?人性本来是多方的,需要也是多方的。真善美三者俱备才可以算是完全的人。人性中本有饮食欲,渴而无所饮,饥而无所食,固然是一种缺乏；人性中本有求知欲而没有科学的活动，本有美的嗜好而没有美感的活动，也未始不是一种缺乏。真和美的需要也是人生中的一种饥渴——精神上的饥渴。疾病衰老的身体才没有口腹的饥渴。同理，你遇到一个没有精神上的饥渴的人或民族，你可以断定他的心灵已到了疾病衰老的状态。

人所以异于其他动物的就是于饮食男女之外还有更高尚的企求，美就是其中之一。是壶就可以贮茶，何必又求它形式、花样、颜色都要好看呢？吃饱了饭就可以睡觉，何必又呕心血去作诗、画画、奏乐呢？"生命"是与"活动"同义的，活动愈自由生命也就愈有意义。人的实用的活动全是有所为而为，是受环境需要限制的，人的美感的活动全是无所为而为，是环境不需要他活动而他自己愿意去活动的。在有所为而为的活动中，人是环境需要的奴隶，在无所为而为的活动中，人是自己心灵的主宰。这是单就人说，就物说呢，在实用的和科学的世界中，事物都借着和其他事物发生关系而得到意义，到了孤立绝缘时就都没有意义；但是在美感世界中它却能孤立绝缘，却能在本身现出价值。照这样看，我们可以说，美是事物的最有价值的一面，美感的经验是人生中最有价值的一面。

　　许多轰轰烈烈的英雄和美人都过去了,许多轰轰烈烈的成功和失败也都过去了,只有艺术作品真正是不朽的。数千年前的《采采卷耳》和《孔雀东南飞》的作者还能在我们心里点燃很强烈的火焰,虽然在当时他们不过是大皇帝脚下的不知名的小百姓。秦始皇并吞六国,统一车书,曹孟德带八十万人马下江东,舳舻千里,旌旗蔽空,这些惊心动魄的成败对于你有什么意义?对于我有什么意义?但是长城和《短歌行》对于我们还是很亲切的,还可以使我们心领神会这些骸骨不存的精神气魄。这几段墙在,这几句诗在,他们永远对于人是亲切的。由此类推,在几千年或是几万年以后看现在纷纷扰扰的"帝国主义"、"反帝国主义"、"主席"、"代表"、"电影明星"之类对于人有什么意义?我们这个时代是否也有类似长城和《短歌行》的纪念坊留给后人,让他们觉得我们也还是很亲切的吗?悠悠的过去只是一片漆黑的天空,我们所以还能认识出来这漆黑的天空者,全赖思想家和艺术家所散布的几点星光。朋友,让我们珍重这几点星光!让我们也努力散布几点星光去照耀那和过去一般漆黑的未来!

二 "当局者迷，旁观者清"

——艺术和实际人生的距离

有几件事实我觉得很有趣味，不知道你有同感没有？

我的寓所后面有一条小河通莱茵河。我在晚间常到那里散步一次，走成了习惯，总是沿东岸去，过桥沿西岸回来。走东岸时我觉得西岸的景物比东岸的美；走西岸时适得其反，东岸的景物又比西岸的美。对岸的草木房屋固然比较这边的美，但是它们又不如河里的倒影。同是一棵树，看它的正身本极平凡，看它的倒影却带有几分另一世界的色彩。我平时又欢喜看烟雾朦胧的远树，大雪笼盖的世界和更深夜静的月景。本来是习见不以为奇的东西，让雾、雪、月盖上一层白纱，便见得很美丽。

北方人初看到西湖，平原人初看到峨眉，虽然审美力薄弱的村夫，也惊讶它们的奇景；但在生长在西湖或峨眉的人除了以居近名胜自豪以外，心里往往觉得西湖和峨眉实在也不过如此。新奇的地方都比熟悉的地方美，东方人初到西方，或是西方人初到东方，都往往觉得面前景物件件值得玩味。本地人自以为不合时尚的服装和举动，在外方人看，却往往有一种美的意味。

古董癖也是很奇怪的。一个周朝的铜鼎或是一个汉朝的瓦瓶在当时也不过是盛酒盛肉的日常用具，在现在却变成很稀有的艺术品。固然有些好古董的人是贪它值钱，但是觉得古董实在可玩味的人却不少。我到外国人家去时，主人常欢喜拿一点中国东西给我看。这总不外瓷罗汉、蟒袍、渔樵耕读图之类的装饰品，我看到每每觉得羞涩，而主人却诚心诚意地夸奖它们好看。

种田人常羡慕读书人，读书人也常羡慕种田人。竹篱瓜架旁的黄粱浊酒和朱门大厦中的山珍海鲜，在旁观者所看出来的滋味都比当局者亲口尝出来的好。读陶渊明的诗，我们常觉到农人的生活真是理想的生活，可是农人自己在烈日寒风之中耕作时所尝到的况味，绝不似陶渊明所描写的那样闲逸。

人常是不满意自己的境遇而羡慕他人的境遇，所以俗话说："家花不比野花香"。人对于现在和过去的态度也有同样的分别。本来是很酸辛的遭遇到后来往往变成很甜美的回忆。我小时在乡下住，早晨看到的是那几座茅屋，几畦田，几排青山，晚上看到的也还是那几座茅屋，几畦田，几排青山，觉得它们真是单调无味，现在回忆起来，却不免有些留恋。

这些经验你一定也注意到的。它们是什么缘故呢？

这全是观点和态度的差别。看倒影，看过去，看旁人的境遇，看稀奇的景物，都好比站在陆地上远看海雾，不受实际的切身的利害牵绊，能安闲自在地玩味目前美妙的景致。看正身，看现在，看自己的境遇，看习见的景物，都好比乘海船遇着海雾，只知它妨碍呼吸，只嫌它耽误程期，预兆危险，没有心思去玩味它的美妙。持实用的态度看事物，它们都只是实际生活的工具或障碍物，都只能引起欲念或嫌恶。要见出事物本身的美，我们一定要从实用世界跳开，以"无所为而为"的精神欣赏它们本身的形象。总而言之，美和实际人生有一个距离，要见出事物本身的美，须把它摆在适当的距离之外去看。

再就上面的实例说，树的倒影何以比正身美呢？它的正身是实用世界中的一片段，它和人发生过许多实用的关系。人一看见它，不免想到它在实用上的意义，发生许多实际生活的联想。它是避风息凉的或是架屋烧火的东西。在散步时我们没有这些需要，所以就觉得它没有趣味。倒影是隔着一个世界的，是幻境的，是与实际人生无直接关联的。我们一看到它，就立刻注意到它的轮廓线纹和颜色，好比看一幅图画一样。这是形象的直觉，所以是美感的经验。总而言之，正身和实际人生没有距离，倒影和实际人生有距离，美的差别即起于此。

同理，游历新境时最容易见出事物的美。习见的环境都已变成实用的工具。比如我久住在一个城市里面，出门看见一条街就想到朝某方向走是某家酒店，朝某方向走是某家银行，看见了一座房子就想到它是某个朋友的住宅，或是某个总长的衙门。这样的"由盘而之钟"，我的注意力就迁到旁的事物上去，不能专心致志地看这条街或是这座房子究竟像个什么样子。在崭新的环境中，我还没有认识事物的实用的意义，事物还没有变成实用的工具，一条街还只是一条街而不是到某银行或某酒店的指路标，一座房子还只是某颜色某线形的组合而不是私家住宅或是总长衙门，所以我能见出它们本身的美。

一件本来惹人嫌恶的事情，如果你把它推远一点看，往往可以成为很美的意象。卓文君不守寡，私奔司马相如，陪他当垆卖酒。我们现在把这段情史传为佳话。我们读李长吉的"长卿怀茂陵，绿草垂石井，弹琴看文君，春风吹鬓影"几句诗，觉得它是多么幽美的一幅画！但是在当时人看，卓文君失节却是一件秽行丑迹。袁子才尝刻一方"钱塘苏小是乡亲"的印，看他的口吻是多么自豪！但是钱塘苏小究竟是怎样的一个伟人？她原来不过是南朝的一个妓女。和这个妓女同时的人谁肯攀她做"乡亲"呢？当时的人受实际问题的牵绊，不能把这些人物的行为从极繁复的社会信仰和利害观念的圈套中划出来，当作美丽的意象来观赏。我们在时过境迁之后，不受当时的实际问题的牵绊，所以能把它们当作有趣的故事来谈。它们在当时和实际人生的距离太近，到现在则和实际人生距离较远了，好比经过一些年代的老酒，已失去它的原来的辣性，只留下纯淡的滋味。

一般人迫于实际生活的需要，都把利害认得太真，不能站在适当的距离之外去看人生世相，于是这丰富华严的世界，除了可效用于饮食男女的营求之外，便无其他意义。他们一看到瓜就想它是可以摘来吃的，一看到漂亮的女子就起性欲的冲动。他们完全是占有欲的奴隶。花长在园里何尝不可以供欣赏？他们却欢喜把它摘下来挂在自己的襟上或是插在自己的瓶里。一个海边的农夫逢人称赞他的门前海景时，便很羞涩地回过头来指着屋后一园菜说："门前虽没有什么可看的，屋后这一园菜却还不差。"许多人如果不知道周鼎汉瓶是很值钱的古董，我相信他们宁愿要一个不易打烂的铁锅或瓷罐，不愿要那些不能煮饭藏菜的破铜破铁。这些人都是不能在艺术品或自然美和实际人生之中维持一种适当的距离。

艺术家和审美者的本领就在能不让屋后的一园菜压倒门前的海景，不拿盛酒盛菜的标准去估定周鼎汉瓶的价值，不把一条街当作到某酒店和某银行去的指路标。他们能跳开利害的圈套，只聚精会神地观赏事物本身的形象。他们知道在美的事物和实际人生之中维持一种适当的距离。

我说"距离"时总不忘冠上"适当的"三个字，这是要注意的。"距离"可以太过，可以不及。艺术一方面要能使人从实际生活牵绊中解放出来，一方面也要使人能了解，能欣赏，"距离"不及，容易使人回到实用世界，距离太远，又容易使人无法了解欣赏。这个道理可以拿一个浅例来说明。

王渔洋的《秋柳诗》中有两句说:"相逢南雁皆愁侣,好语西乌莫夜飞。"在不知这诗的历史的人看来,这两句诗是漫无意义的,这就是说,它的距离太远,读者不能了解它,所以无法欣赏它。《秋柳诗》原来是悼明亡的,"南雁"是指国亡无所依附的故旧大臣,"西乌"是指有意屈节降清的人物。假使读这两句诗的人自己也是一个"遗老",他对于这两句诗的情感一定比旁人较能了解。但是他不一定能取欣赏的态度,因为他容易看这两句诗而自伤身世,想到种种实际人生问题上面去,不能把注意力专注在诗的意象上面,这就是说,《秋柳诗》对于他的实际生活距离太近了,容易把他由美感的世界引回到实用的世界。

许多人欢喜从道德的观点来谈文艺,从韩昌黎的"文以载道"说起,一直到现代"革命文学"以文学为宣传的工具止,都是把艺术硬拉回到实用的世界里去。一个乡下人看戏,看见演曹操的角色扮老奸巨猾的样子惟妙惟肖,不觉义愤填膺,提刀跳上舞台,把他杀了。从道德的观点评艺术的人们都有些类似这位杀曹操的乡下佬,义气虽然是义气,无奈是不得其时,不得其地。他们不知道道德是实际人生的规范,而艺术是与实际人生有距离的。

艺术须与实际人生有距离，所以艺术与极端的写实主义不相容。写实主义的理想在妙肖人生和自然，但是艺术如果真正做到妙肖人生和自然的境界，总不免把观者引回到实际人生，使他的注意力旁迁于种种无关美感的问题，不能专心致志地欣赏形象本身的美，比如裸体女子的照片常不免容易刺激性欲，而裸体雕像如《密罗斯爱神》，裸体画像如法国安格尔的《汲泉女》，都只能令人肃然起敬。这是什么缘故呢？这就是因为照片太逼肖自然，容易像实物一样引起人的实用的态度；雕刻和图画都带有若干形式化和理想化，都有几分不自然，所以不易被人误认为实际人生中的一片段。

艺术上有许多地方，乍看起来，似乎不近情理。古希腊和中国旧戏的角色往往戴面具，穿高底鞋，表演时用歌唱的声调，不像平常说话。埃及雕刻对于人体加以抽象化，往往千篇一律。波斯图案画把人物的肢体加以不自然的扭屈，中世纪"哥特式"诸大教寺的雕像把人物的肢体加以不自然的延长。中国和西方古代的画都不用远近阴影。这种艺术上的形式化往往遭浅人唾骂，它固然时有流弊，其实也含有至理。这些风格的创始者都未尝不知道它不自然，但是他们的目的正在使艺术和自然之中有一种距离。说话不押韵，不论平仄，作诗却要押韵，要论平仄，道理也是如此。艺术本来是弥补人生和自然缺陷的。如果艺术的最高目的仅在妙肖人生和自然，我们既已有人生和自然了，又何取乎艺术呢？

艺术都是主观的，都是作者情感的流露，但是它一定要经过几分客观化。艺术都要有情感，但是只有情感不一定就是艺术。许多人本来是笨伯而自信是可能的诗人或艺术家。他们常埋怨道："可惜我不是一个文学家，否则我的生平可以写成一部很好的小说。"富于艺术材料的生活何以不能产生艺术呢？艺术所用的情感并不是生糙的而是经过反省的。蔡琰在丢开亲生子回国时决写不出《悲愤诗》，杜甫在"入门闻号咷，幼子饥已卒"时决写不出《自京赴奉先县咏怀五百字》。这两首诗都是"痛定思痛"的结果。艺术家在写切身的情感时，都不能同时在这种情感中过活，必定把它加以客观化，必定由站在主位的尝受者退为站在客位的观赏者。一般人不能把切身的经验放在一种距离以外去看，所以情感尽管深刻，经验尽管丰富，终不能创造艺术。

三 "子非鱼，安知鱼之乐？"

——宇宙的人情化

> 庄子与惠子游于濠梁之上。
> 庄子曰："鲦鱼出游从容，是鱼乐也！"
> 惠子曰："子非鱼，安知鱼之乐？"
> 庄子曰："子非我，安知我不知鱼之乐？"

这是《庄子·秋水》篇里的一段故事，是你平时所欢喜玩味的。我现在借这段故事来说明美感经验中的一个极有趣味的道理。

我们通常都有"以己度人"的脾气，因为有这个脾气，对于自己以外的人和物才能了解。严格地说，各个人都只能直接地了解他自己，都只能知道自己处某种境地，有某种知觉，生某种情感。至于知道旁人旁物处某种境地、有某种知觉、生某种情感时，则是凭自己的经验推测出来的。比如我知道自己在笑时心里欢喜，在哭时心里悲痛，看到旁人笑也就以为他心里欢喜，看见旁人哭也以为他心里悲痛。我知道旁人旁物的知觉和情感如何，都是拿自己的知觉和情感来比拟的。我只知道自己，我知道旁人旁物时是把旁人旁物看成自己，或是把自己推到旁人旁物的地位。庄子看到鲦鱼"出游从容"便觉得它乐，因为他自己对于"出游从容"的滋味是有经验的。人与人，人与物，都有共同之点，所以他们都有互相感通之点。假如庄子不是鱼就无从知鱼之乐，每个人就要各成孤立世界，和其他人物都隔着一层密不通风的墙壁，人与人以及人与物之中便无心灵交通的可能了。

这种"推己及物"、"设身处地"的心理活动不尽是有意的，出于理智的，所以它往往发生幻觉。鱼没有反省的意识，是否能够像人一样"乐"，这种问题大概在庄子时代的动物心理学也还没有解决，而庄子硬拿"乐"字来形容鱼的心境，其实不过把他自己的"乐"的心境外射到鱼的身上罢了，他的话未必有科学的谨严与精确。我们知觉外物，常把自己所得的感觉外射到物的本身上去，把它误认为物所固有的属性，于是本来在我的就变成在物的了。比如我们说

"花是红的"时，是把红看作花所固有的属性，好像是以为纵使没有人去知觉它，它也还是在那里。其实花本身只有使人觉到红的可能性，至于红却是视觉的结果。红是长度为若干的光波射到眼球网膜上所生的印象。如果光波长一点或是短一点，眼球网膜的构造换一个样子，红的色觉便不会发生。患色盲的人根本就不能辨别红色，就是眼睛健全的人在薄暮光线暗淡时也不能把红色和绿色分得清楚，从此可知严格地说，我们只能说"我觉得花是红的"。我们通常都把"我觉得"三字略去而直说"花是红的"，于是在我的感觉遂被误认为在物的属性了。日常对于外物的知觉都可作如是观。"天气冷"其实只是"我觉得天气冷"，鱼也许和我不一致；"石头太沉重"其实只是"我觉得它太沉重"，大力士或许还嫌它太轻。

云何尝能飞？泉何尝能跃？我们却常说云飞泉跃；山何尝能鸣？谷何尝能应？我们却常说山鸣谷应。在说云飞泉跃、山鸣谷应时，我们比说花红石头重，又更进一层了。原来我们只把在我的感觉误认为在物的属性，现在我们却把无生气的东西看成有生气的东西，把它们看作我们的侪辈，觉得它们也有性格，也有情感，也能活动。这两种说话的方法虽不同,道理却是一样,都是根据自己的经验来了解外物。这种心理活动通常叫做"移情作用"。

"移情作用"是把自己的情感移到外物身上去,仿佛觉得外物也有同样的情感。这是一个极普遍的经验。自己在欢喜时,大地山河都在扬眉带笑;自己在悲伤时,风云花鸟都在叹气凝愁。惜别时蜡烛可以垂泪,兴到时青山亦觉点头。柳絮有时"轻狂",晚峰有时"清苦"。陶渊明何以爱菊呢?因为他在傲霜残枝中见出孤臣的劲节;林和靖何以爱梅呢?因为他在暗香疏影中见出隐者的高标。

从这几个实例看,我们可以看出移情作用是和美感经验有密切关系的。移情作用不一定就是美感经验,而美感经验却常含有移情作用。美感经验中的移情作用不单是由我及物的,同时也是由物及我的;它不仅把我的性格和情感移注于物,同时也把物的姿态吸收于我。所谓美感经验,其实不过是在聚精会神之中,我的情趣和物的情趣往复回流而已。

姑先说欣赏自然美。比如我在观赏一棵古松,我的心境是什么样状态呢?我的注意力完全集中在古松本身的形象上,我的意识之中除了古松的意象之外,一无所有。在这个时候,我的实用的意志和科学的思考都完全失其作用，我没有心思去分别我是我而古松是古松。古松的形象引起清风亮节的类似联想，我心中便隐约觉到清风亮节所常伴着的情感。因为我忘记古松和我是两件事，我就于无意之中把这种清风亮节的气概移置到古松上面去，仿佛古松原来就有这种性格。同时我又不知不觉地受古松的这种性格影响，自己也振作起来，模仿它那一副苍老劲拔的姿态。所以古松俨然变成一个人，人也俨然变成一棵古松。真正的美感经验都是如此，都要达到物我同一的境界，在物我同一的境界中，移情作用最容易发生，因为我们根本就不分辨所生的情感到底是属于我还是属于物的。

再说欣赏艺术美，比如说听音乐。我们常觉得某种乐调快活，某种乐调悲伤。乐调自身本来只有高低、长短、急缓、宏纤的分别，而不能有快乐和悲伤的分别。换句话说，乐调只能有物理而不能有人情。我们何以觉得这本来只有物理的东西居然有人情呢？这也是由于移情作用。这里的移情作用是如何起来的呢？音乐的命脉在节奏。节奏就是长短、高低、急缓、宏纤相继承的关系。这些关系前后不同，听者所费的心力和所用的心的活动也不一致。因此听者心中自起一种节奏和音乐的节奏相平行。听一曲高而缓的调子，心力也随之作一种高而缓的活动；听一曲低而急的调子，心力也随之作一种低而急的活动。这种高而缓或是低而急的心力活动，常蔓延浸润到全部心境，使它变成和高而缓的活动或是低而急的活动相同调，于是听者心中遂感觉一种欢欣鼓舞或是抑郁凄恻的情调。这种情调本来属于听者，在聚精会神之中，他把这种情调外射出去，于是音乐也就有快乐和悲伤的分别了。

再比如说书法。书法在中国向来自成艺术，和图画有同等的身分，近来才有人怀疑它是否可以列于艺术，这般人大概是看到西方艺术史中向来不留位置给书法，所以觉得中国人看重书法有些离奇。其实书法可列于艺术，是无可置疑的。他可以表现性格和情趣。颜鲁公的字就像颜鲁公，赵孟頫的字就像赵孟頫。所以字也可以说是抒情的，不但是抒情的，而且是可以引起移情作用的。横直钩点等等笔划原来是墨涂的痕迹，它们不是高人雅士，原来没有什么"骨力"、"姿态"、"神韵"和"气魄"。但是在名家书法中我们常觉到"骨力"、"姿态"、"神韵"和"气魄"。我们说柳公权的字"劲拔"，赵孟頫的字"秀媚"，这都是把墨涂的痕迹看作有生气有性格的东西，都是把字在心中所引起的意象移到字的本身上面去。

移情作用往往带有无意的模仿。我在看颜鲁公的字时，仿佛对着巍峨的高峰，不知不觉地耸肩聚眉，全身的筋肉都紧张起来，模仿它的严肃；我在看赵孟頫的字时，仿佛对着临风荡漾的柳条，不知不觉地展颐摆腰，全身的筋肉都松懈起来，模仿它的秀媚。从心理学看，这本来不是奇事。凡是观念都有实现于运动的倾向。念到跳舞时脚往往不自主地跳动，念到"山"字时口舌往往不由自主地说出"山"字。通常观念往往不能实现于动作者，由于同时有反对的观念阻止它。同时念到打球又念到泅水，则既不能打球，又不能泅水。如果心中只有一个观念，没有旁的观念和它对敌，则它常自动地现于运动。聚精会神看赛跑时，自己也往往不知不觉地弯起胳膊动起脚来，便是一个好例。在美感经验之中，注意力都是集中在一个意象上面，所以极容易起模仿的运动。

移情的现象可以称之为"宇宙的人情化"，因为有移情作用然后本来只有物理的东西可具人情，本来无生气的东西可有生气。从理智观点看，移情作用是一种错觉，是一种迷信。但是如果把它勾销，不但艺术无由产生，即宗教也无由出现。艺术和宗教都是把宇宙加以生气化和人情化，把人和物的距离以及人和神的距离都缩小。它们都带有若干神秘主义的色彩。所谓神秘主义其实并没有什么神秘，不过是在寻常事物之中见出不寻常的意义。这仍然是移情作用。从一草一木之中见出生气和人情以至于极玄奥的泛神主义，深浅程度虽有不同，道理却是一样。

美感经验既是人的情趣和物的姿态的往复回流，我们可以从这个前提中抽出两个结论来：

一、物的形象是人的情趣的返照。物的意蕴深浅和人的性分密切相关。深人所见于物者亦深，浅人所见于物者亦浅。比如一朵含露的花，在这个人看来只是一朵平常的花，在那个人看或以为它含泪凝愁，在另一个人看或以为它能象征人生和宇宙的妙谛。一朵花如此，一切事物也是如此。因我把自己的意蕴和情趣移于物，物才能呈现我所见到的形象。我们可以说，各人的世界都由各人的自我伸张而成。欣赏中都含有几分创造性。

二、人不但移情于物，还要吸收物的姿态于自我，还要不知不觉地模仿物的形象。所以美感经验的直接目的虽不在陶冶性情，而却有陶冶性情的功效。心里印着美的意象，常受美的意象浸润，自然也可以少存些浊念。苏东坡诗说："宁可食无肉，不可居无竹；无肉令人瘦，无竹令人俗。"竹不过是美的形象之一种，一切美的事物都有不令人俗的功效。

四　希腊女神的雕像和血色鲜丽的英国姑娘

——美感与快感

我在以上三章所说的话都是回答"美感是什么"这个问题。我们说过，美感起于形象的直觉。它有两个要素：

一、目前意象和实际人生之中有一种适当的距离。我们只观赏这种孤立绝缘的意象，一不问它和其他事物的关系如何，二不问它对于人的效用如何。思考和欲念都暂时失其作用。

二、在观赏这种意象时，我们处于聚精会神以至于物我两忘的境界，所以于无意之中以我的情趣移注于物，以物的姿态移注于我。这是一种极自由的（因为是不受实用目的牵绊的）活动，说它是欣赏也可，说它是创造也可，美就是这种活动的产品，不是天生现成的。

这是我们的立脚点。在这个立脚点上站稳，我们可以打倒许多关于美感的误解。在以下两三章里我要说明美感不是许多人所想象的那么一回事。

我们第一步先打倒享乐主义的美学。

"美"字是不要本钱的，喝一杯滋味好的酒，你称赞它"美"，看见一朵颜色很鲜明的花，你称赞它"美"，碰见一位年轻姑娘，你称赞她"美"，读一首诗或是看一座雕像，你也还是称赞它"美"。这些经验显然不尽是一致的。究竟怎样才算"美"呢？一般人虽然不知道什么叫做"美"，但是都知道什么样就是愉快。拿一幅画给一个小孩子或是未受艺术教育的人看，征求他的意见，他总是说"很好看"。如果追问他"它何以好看？"他不外是回答说："我欢喜看它，看了它就觉得很愉快。"通常人所谓"美"大半就是指"好看"，指"愉快"。

不仅是普通人如此，许多声名煊赫的文艺批评家也把美感和快感混为一件事。英国十九世纪有一位学者叫做罗斯金，他著过几十册书谈建筑和图画，就曾经很坦白地告诉人说："我从来没有看见过一座希腊女神雕像，有一位血色鲜丽的英国姑娘的一半美。"

从愉快的标准看，血色鲜丽的姑娘引诱力自然是比女神雕像的大；但是你觉得一位姑娘"美"和你觉得一座女神雕像"美"时是否相同呢？《红楼梦》里的刘姥姥想来不一定有什么风韵，虽然不能邀罗斯金的青眼，在艺术上却仍不失其为美。一个很漂亮的姑娘同时做许多画家的"模特儿"，可是她的画像在一百张之中不一定有一张比得上伦勃朗（荷兰人物画家）的"老太婆"。英国姑娘的"美"和希腊女神雕像的"美"显然是两件事，一个是只能引起快感的，一个是只能引起美感的。罗斯金的错误在把英国姑娘的引诱性做"美"的标准，去测量艺术作品。艺术是另一世界里的东西，对于实际人生没有引诱性，所以他以为比不上血色鲜丽的英国姑娘。

美感和快感究竟有什么分别呢？有些人见到快感不尽是美感，替它们勉强定一个分别来，却又往往不符事实。英国有一派主张"享乐主义"的美学家就是如此。他们所见到的分别彼此又不一致。有人说耳、目是"高等感官"，其余鼻、舌、皮肤、筋肉等等都是"低等感官"，只有"高等感官"可以尝到美感而"低等感官"则只能尝到快感。有人说引起美感的东西可以同时引起许多人的美感，引起快感的东西则对于这个人引起快感，对于那个人或引起不快感。美感有普遍性，快感没有普遍性。这些学说在历史上都发生过影响，如果分析起来，都是一钱不值。拿什么标准说耳、目是"高等感官"？耳、目得来的有些是美感，有些也只是快感，我们如何去分别？"客去茶香余舌本"，"冰肌玉骨，自清凉无汗"等名句是否与"低等感官"不能得美感之说相容？至于普遍不普遍的话更不足为凭。口腹有同嗜而艺术趣味却往往随人而异。陈年花雕是吃酒的人大半都称赞它美的，一般人却不能欣赏后期印象派的图画。我曾经听过一位很时髦的英国老太婆说道："我从来没有见过比金字塔再拙劣的东西。"

　　从我们的立脚点看，美感和快感是很容易分别的。美感与实用活动无关，而快感则起于实际要求的满足。口渴时要喝水，喝了水就得到快感；腹饥时要吃饭，吃了饭也就得到快感。喝美酒所得的快感由于味感得到所需要的刺激，和饱食暖衣的快感同为实用的，并不是起于"无所为而为"的形象的观赏。至于看血色鲜丽的姑娘，可以生美感也可以不生美感。如果你觉得她是可爱的，给你做妻子你还不讨厌她，你所谓"美"就只是指合于满足性欲需要的条件，"美人"就只是指对于异性有引诱力的女子。如果你见了她不起性欲的冲动，只把她当作线纹匀称的形象看，那就和欣赏雕像或画像一样了。美感的态度不带意志，所以不带占有欲。在实际上性欲本能是一种最强烈的本能，看见血色鲜丽的姑娘而能"心如古井"地不动，只一味欣赏曲线美，是一般人所难能的。所以就美感说，罗斯金所称赞的血色鲜丽的英国姑娘对于实际人生距离太近，不一定比希腊女神雕像的价值高。

  谈到这里，我们可以顺便地说一说弗洛伊德派心理学在文艺上的应用。大家都知道，弗洛伊德把文艺认为是性欲的表现。性欲是最原始最强烈的本能，在文明社会里，它受道德、法律种种社会的牵制，不能得充分的满足，于是被压抑到"隐意识"里去成为"情意综"。但是这种被压抑的欲望还是要偷空子化装求满足。文艺和梦一样，都是戴着假面具逃开意识检察的欲望。举一个例来说，男子通常都特别爱母亲，女子通常都特别爱父亲。依弗洛伊德看，这就是性爱。这种性爱是反乎道德法律的，所以被压抑下去，在男子则成"俄狄浦斯情意综"，在女子则成"厄勒克特拉情意综"。这两个奇怪的名词是怎样讲呢？俄狄浦斯原来是古希腊的一个王子,曾于无意中弑父娶母,所以他可以象征子对于母的性爱。厄勒克特拉是古希腊的一个公主,她的母亲爱了一个男子把丈夫杀了,她怂恿她的兄弟把母亲杀了,替父亲报仇,所以她可以象征女对于父的性爱。在许多民族的神话里面,伟大的人物都有母而无父,耶稣和孔子就是著例,耶稣是上帝授胎的,孔子之母祷于尼丘而生孔子。在弗洛伊德派学者看,这都是"俄狄浦斯情意综"的表现。许多文艺作品都可以用这种眼光来看,都是被压抑的性欲因化装而得满足。

依这番话看,弗洛伊德的文艺观还是要纳到享乐主义里去,他自己就常欢喜用"快感原则"这个名词。在我们看,他的毛病也在把快感和美感混淆,把艺术的需要和实际人生的需要混淆。美感经验的特点在"无所为而为"地观赏形象。在创造或欣赏的一刹那中,我们不能仍然在所表现的情感里过活,一定要站在客位把这种情感当一种意象去观赏。如果作者写性爱小说,读者看性爱小说,都是为着满足自己的性欲,那就无异于为着饥而吃饭,为着冷而穿衣,只是实用的活动而不是美感的活动了。文艺的内容尽管有关性欲,可是我们在创造或欣赏时却不能同时受性欲冲动的驱遣，须站在客位把它当作形象看。世间自然也有许多人欢喜看淫秽的小说去刺激性欲或是满足性欲，但是他们所得的并不是美感。弗洛伊德派的学者的错处不在主张文艺常是满足性欲的工具，而在把这种满足认为美感。

美感经验是直觉的而不是反省的。在聚精会神之中我们既忘去自我，自然不能觉得我是否欢喜所观赏的形象，或是反省这形象所引起的是不是快感。我们对于一件艺术作品欣赏的浓度愈大，就愈不觉得自己是在欣赏它，愈不觉得所生的感觉是愉快的。如果自己觉得快感，我便是由直觉变而为反省，好比提灯寻影，灯到影灭，美感的态度便已失去了。美感所伴的快感，在当时都不觉得，到过后才回忆起来。比如读一首诗或是看一幕戏，当时我们只是心领神会，无暇他及，后来回想，才觉得这一番经验很愉快。

这个道理一经说破，本来很容易了解。但是许多人因为不明白这个很浅显的道理，遂走上迷路。近来德国和美国有许多研究"实验美学"的人就是如此。他们拿一些颜色、线形或是音调来请受验者比较，问他们欢喜哪一种，讨厌哪一种，然后作出统计来，说某种颜色是最美的,某种线形是最丑的。独立的颜色和画中的颜色本来不可相提并论。在艺术上部分之和并不等于全体,而且最易引起快感的东西也不一定就美。他们的错误是很显然的。

五 "记得绿罗裙,处处怜芳草"
——美感与联想

美感与快感之外,还有一个更易惹误解的纠纷问题,就是美感与联想。

什么叫做联想呢?联想就是见到甲而想到乙。甲唤起乙的联想通常不外起于两种原因:或是甲和乙在性质上相类似,例如看到春光想起少年,看到菊花想到节士;或是甲和乙在经验上曾相接近,例如看到扇子想起萤火虫,走到赤壁想起曹孟德或苏东坡。类似联想和接近联想有时混在一起,牛希济的"记得绿罗裙,处处怜芳草"两句词就是好例。词中主人何以"记得绿罗裙"呢?因为罗裙和他的欢爱者相接近;他何以"处处怜芳草"呢?因为芳草和罗裙的颜色相类似。

意识在活动时就是联想在进行,所以我们差不多时时刻刻都在起联想。听到声音知道说话的是谁，见到一个词知道它的意义，都是起于联想作用。联想是以旧经验诠释新经验，如果没有它，知觉、记忆和想象都不能发生，因为它们都得根据过去的经验。从此可知联想为用之广。

联想有时可用意志控制，作文构思时或追忆一时记不起的过去经验时，都是勉强把联想挤到一条路上去走。但是在大多数情境之中，联想是自由的，无意的，飘忽不定的。听课读书时本想专心，而打球、散步、吃饭、邻家的猫儿种种意象总是不由你自主地闯进脑里来，失眠时越怕胡思乱想，越禁止不住胡思乱想。这种自由联想好比水流湿，火就燥，稍有勾搭，即被牵绊，未登九天，已入黄泉。比如我现在从"火"字出发，就想到红，石榴，家里的天井，浮山，雷鲤的诗，鲤鱼，孔夫子的儿子等等，这个联想线索前后相承，虽有关系可寻，但是这些关系都是偶然的。我的"火"字的联想线索如此，换一个人或是我自己在另一时境，"火"字的联想线索却另是一样。从此可知联想的散漫飘忽。

联想的性质如此。多数人觉得一件事物美时，都是因为它能唤起甜美的联想。

在"记得绿罗裙,处处怜芳草"的人看,芳草是很美的。颜色心理学中有许多同类的事实。许多人对于颜色都有所偏好,有人偏好红色,有人偏好青色,有人偏好白色。据一派心理学家说,这都是由于联想作用。例如红是火的颜色,所以看到红色可以使人觉得温暖;青是田园草木的颜色,所以看到青色可以使人想到乡村生活的安闲。许多小孩子和乡下人看画,都只是欢喜它的花红柳绿的颜色。有些人看画,欢喜它里面的故事,乡下人欢喜把孟姜女、薛仁贵、桃园三结义的图糊在壁上做装饰,并不是因为那些木板雕刻的图好看,是因为它们可以提起许多有趣故事的联想。这种脾气并不只是乡下人才有。我每次陪朋友们到画馆里去看画,见到他们所特别注意的第一是几张有声名的画,第二是有历史性的作品如耶稣临刑图、拿破仑结婚图之类,像伦勃朗所画的老太公、老太婆,和后期印象派的山水风景之类的作品,他们却不屑一顾。此外又有些人看画(和看一切其他艺术作品一样),偏重它所含的道德教训。道学先生看到裸体雕像或画像,都不免起若干嫌恶。记得詹姆斯在他的某一部书里说过有一次见过一位老修道妇,站在一幅耶稣临刑图面前合掌仰视,悠然神往。旁边人问她那幅画何如,她回答说:"美极了,你看上帝是多么仁慈,让自己的儿子去牺牲,来赎人类的罪孽!"

在音乐方面,联想的势力更大。多数人在听音乐时,除了联想到许多美丽的意象之外,便别无所得。他们欢喜这个调子,因为它使他们想起清风明月;不欢喜那个调子,因为它唤醒他们以往的悲痛的记忆。钟子期何以负知音的雅名?因他听伯牙弹琴时,惊叹说:"善哉!峨峨兮若泰山,洋洋兮若江河。"李颀在胡笳声中听到什么?他听到的是"空山百鸟散还合,万里浮云阴且晴。"白乐天在琵琶声中听到什么?他听到的是"银瓶乍破水浆迸,铁骑突出刀枪鸣。"苏东坡怎样形容洞箫?他说:"其声呜呜然,如怨如慕,如泣如诉。余音袅袅,不绝如缕。舞幽谷之潜蛟,泣孤舟之嫠妇。"这些数不尽的例子都可以证明多数人欣赏音乐,都是欣赏它所唤起的联想。

联想所伴的快感是不是美感呢?

历来学者对于这个问题可分两派,一派的答案是肯定的,一派的答案是否定的。这个争辩就是在文艺思潮史中闹得很凶的形式和内容的争辩。依内容派说,文艺是表现情思的,所以文艺的价值要看它的情思内容如何而决定。第一流文艺作品都必有高深的思想和真挚的情感。这句话本来是不可辩驳的。但是侧重内容的人往往从这个基本原理抽出两个其他的结论，第一个结论是题材的重要。所谓题材就是情节。他们以为有些情节能唤起美丽堂皇的联想，有些情节只能唤起丑陋凡庸的联想。比如作史诗和悲剧，只应采取英雄为主角，不应采取愚夫愚妇。第二个结论就是文艺应含有道德的教训。读者所生的联想既随作品内容为转移，则作者应设法把读者引到正经路上去，不要用淫秽卑鄙的情节摇动他的邪思。这些学说发源较早，它们的影响到现在还是很大。从前人所谓"思无邪"、"言之有物"、"文以载道"，现在人所谓"哲理诗"、"宗教艺术"、"革命文学"等等，都是侧重文艺的内容和文艺的无关美感的功效。

　　这种主张在近代颇受形式派的攻击，形式派的标语是"为艺术而艺术"。他们说，两个画家同用一个模特儿，所成的画价值有高低；两个文学家同用一个故事，所成的诗文意蕴有深浅。许多大学问家、大道德家都没有成为艺术家，许多艺术家并不是大学问家、大道德家。从此可知艺术之所以为艺术，不在内容而在形式。如果你不是艺术家，纵有极好的内容，也不能产生好作品出来；反之，如果你是艺术家，极平庸的东西经过灵心妙运点铁成金之后,也可以成为极好的作品。印象派大师如莫奈、凡·高诸人不是往往在一张椅子或是几间破屋之中表现一个情深意永的世界出来吗?这一派学说到近代才逐渐占势力。在文学方面的浪漫主义,在图画方面的印象主义,尤其是后期印象主义,在音乐方面的形式主义,都是看轻内容的。单拿图画来说,一般人看画,都先问里面画的是什么,是怎样的人物或是怎样的故事。这些东西在术语上叫做"表意的成分"。近代有许多画家就根本反对画中有任何"表意的成分"。看到一幅画,他们只注意它的颜色、线纹和阴影,不问它里面有什么意义或是什么故事。假如你看到这派的作品,你起初只望见许多颜色凑合在一起,须费过一番审视和猜度,才知道所画的是房子或是崖石。这一派人是最反对杂联想于美感的。

这两派的学说都持之有故,言之成理,我们究竟何去何从呢?我们否认艺术的内容和形式可以分开来讲(这个道理以后还要谈到),不过关于美感与联想这个问题,我们赞成形式派的主张。

就广义说,联想是知觉和想象的基础,艺术不能离开知觉和想象,就不能离开联想。但是我们通常所谓联想，是指由甲而乙，由乙而丙，辗转不止的乱想。就这个普通的意义说，联想是妨碍美感的。美感起于直觉，不带思考，联想却不免带有思考。在美感经验中我们聚精会神于一个孤立绝缘的意象上面，联想则最易使精神涣散，注意力不专一，使心思由美感的意象旁迁到许多无关美感的事物上面去。在审美时我看到芳草就一心一意地领略芳草的情趣；在联想时我看到芳草就想到罗裙，又想到穿罗裙的美人，既想到穿罗裙的美人，心思就已不复在芳草了。

联想大半是偶然的。比如说，一幅画的内容是"西湖秋月"，如果观者不聚精会神于画的本身而信任联想，则甲可以联想到雷峰塔，乙可以联想到往日同游西湖的美人，这些联想纵然有时能提高观者对于这幅画的好感，画本身的美却未必因此而增加，而画所引起的美感则反因精神涣散而减少。

知道这番道理，我们就可以知道许多通常被认为美感的经验其实并非美感了。假如你是武昌人，你也许特别欢喜崔颢的《黄鹤楼》诗；假如你是陶渊明的后裔，你也许特别欢喜《陶渊明集》；假如你是道德家，你也许特别欢喜《打鼓骂曹》的戏或是韩退之的《原道》；假如你是古董贩，你也许特别欢喜河南新出土的龟甲文或是敦煌石窟里面的壁画；假如你知道达·芬奇的声名大，你也许特别欢喜他的《蒙娜·丽莎》。这都是自然的倾向，但是这都不是美感，都是持实际人的态度，在艺术本身以外求它的价值。

六 "灵魂在杰作中的冒险"

——考证、批评与欣赏

把快感认为美感,把联想认为美感,是一般人的误解,此外还有一种误解是学者们所特有的,就是把考证和批评认为欣赏。

在这里我不妨稍说说自己的经验。我自幼就很爱好文学。在我所谓"爱好文学",就是欢喜哼哼有趣味的诗词和文章。后来到外国大学读书,就顺本来的偏好,决定研究文学。在我当初所谓"研究文学",原来不过是多哼哼有趣味的诗词和文章。我以为那些外国大学的名教授可以告诉我哪些作品有趣味,并且向我解释它们何以有趣味的道理。我当时隐隐约约地觉得这门学问叫做"文学批评",所以在大学里就偏重"文学批评"方面的功课。哪知道我费过五六年的功夫,所领教的几乎完全不是我原来所想望的。

比如拿莎士比亚这门功课来说，教授在讲堂上讲些什么呢？现在英国的学者最重"版本的批评"。他们整年地讲莎士比亚的某部剧本在某一年印第一次"四折本"，某一年印第一次"对折本"，"四折本"和"对折本"有几次翻印，某一个字在第一次"四折本"怎样写，后来在"对折本"里又改成什么样，某一段在某版本里为阙文，某一个字是后来某个编辑者校改的。在我只略举几点已经就够使你看得不耐烦了，试想他们费毕生的精力做这种勾当！

自然他们不仅讲这一样，他们也很重视"来源"的研究。研究"来源"的问些什么问题呢？莎士比亚大概读过些什么书？他是否懂得希腊文？他的《哈姆雷特》一部戏是根据哪些书？这些书他读时是用原文还是用译本？他的剧中情节和史实有哪几点不符？为了要解决这些问题，学者们个个在埋头于灰封虫咬的向来没有人过问的旧书堆中，寻求他们的所谓"证据"。

此外他们也很重视"作者的生平"。莎士比亚生前操什么职业？几岁到伦敦当戏子？他少年偷鹿的谣传是否确实？他的十四行诗里所说的"黑姑娘"究竟是谁？"哈姆雷特"是否是莎士比亚现身说法？当时伦敦有几家戏院？他和这些戏院和同行戏子的关系如何？他死时的遗嘱能否见出他和他的妻子的情感？为了这些问题，学者跑到法庭里翻几百年前的文案，跑到官书局里查几百年前的书籍登记簿，甚至于跑到几座古老的学校去看看墙壁上和板凳上有没有或许是莎士比亚划的简笔姓名。他们如果寻到片纸只字，就以为是至宝。

这三种功夫合在一块讲，就是中国人所说的"考据学"。我的讲莎士比亚的教师除了这种考据学以外，自己不做其他的功夫，对于我们学生们也只讲他所研究的那一套，至于剧本本身，他只让我们凭我们自己的能力去读，能欣赏也好，不能欣赏也好，他是不过问的，像他这一类的学者在中国向来就很多，近来似乎更时髦。许多人是把"研究文学"和"整理国故"当作一回事。从美学观点来说，我们对于这种考据的工作应该发生何种感想呢？

考据所得的是历史的知识。历史的知识可以帮助欣赏却不是欣赏本身。欣赏之前要有了解。了解是欣赏的预备，欣赏是了解的成熟。只就欣赏说，版本、来源以及作者的生平都是题外事，因为美感经验全在欣赏形象本身，注意到这些问题，就是离开形象本身。但是就了解说,这些历史的知识却非常重要。例如要了解曹子建的《洛神赋》,就不能不知道他和甄后的关系;要欣赏陶渊明的《饮酒》诗,就不能不先考订原本中到底是"悠然望南山"还是"悠然见南山"。

了解和欣赏是互相补充的。未了解决不足以言欣赏,所以考据学是基本的功夫。但是只了解而不能欣赏,则只是做到史学的功夫,却没有走进文艺的领域。一般富于考据癖的学者通常都不免犯两种错误。第一种错误就是穿凿附会。他们以为作者一字一画都有来历,于是拉史实来附会它。他们不知道艺术是创造的,虽然可以受史实的影响,却不必完全受史实的支配。《红楼梦》一部书有多少"考证"和"索隐"?它的主人究竟是纳兰成德,是清朝某个皇帝,还是曹雪芹自己?"红学"家大半都忘记艺术生于创造的想象,不必实有其事。考据家的第二种错误在因考据而忘欣赏。他们既然把作品的史实考证出来之后,便以为能事已尽。而不进一步去玩味玩味。他们好比食品化学专家,把一席菜的来源、成分以及烹调方法研究得有条有理之后,便袖手旁观,不肯染指。就我个人说呢,我是一个饕餮汉,对于这般考据家的苦心孤诣虽是十二分的敬佩和感激，我自己却不肯学他们那样"斯文"，我以为最要紧的事还是伸箸把菜取到口里来咀嚼，领略领略它的滋味。

在考据学者们自己看，考据就是一种批评。但是一般人所谓批评，意义实不仅如此。所以我当初想望研究文学批评，而教师却只对我讲版本来源种种问题，我很惊讶，很失望。普通意义的批评究竟是什么呢？这也并没有定准，向来批评学者有派别的不同，所认识的批评的意义也不一致。我们把他们区分起来，可以得四大类。

第一类批评学者自居"导师"的地位。他们对于各种艺术先抱有一种理想而自己却无能力把它实现于创作，于是拿这个理想来期望旁人。他们欢喜向创作家发号施令，说小说应该怎样做，说诗要用音韵或是不要用音韵，说悲剧应该用伟大人物的材料，说文艺要含有道德的教训，如此等类的教条不一而足。他们以为创作家只要遵守这些教条，就可以做出好作品来。坊间所流行的《诗学法程》、《小说作法》、《作文法》等等书籍的作者都属于这一类。

第二类批评学者自居"法官"地位。"法官"要有"法"，所谓"法"便是"纪律"。这班人心中预存几条纪律,然后以这些纪律来衡量一切作品,和它们相符合的就是美,违背它们的就是丑。这种"法官"式的批评家和上文所说的"导师"式的批评家常合在一起。他们最好的代表是欧洲假古典主义的批评家。"古典"是指古希腊和罗马的名著,"古典主义"就是这些名著所表现的特殊风格,"假古典主义"就是要把这种特殊风格定为"纪律"让创作家来模仿。处"导师"的地位,这派批评家向创作家发号施令说:"从古人的作品中我们抽绎出这几条纪律,你要谨遵无违,才有成功的希望!"处"法官"的地位,他们向创作家下批语说:"亚里士多德明明说过坏人不能做悲剧主角,你莎士比亚何以要用一个杀皇帝的麦克白?作诗用字忌俚俗,你在麦克白的独白中用'刀'字,刀是屠户和厨夫的用具,拿来杀皇帝,岂不太损尊严,不合纪律?"("刀"字的批评出诸约翰逊,不是我的杜撰。)这种批评的价值是很小的。文艺是创造的,谁能拿死纪律来范围活作品?谁读《诗歌作法》如法炮制而作成好诗歌?

第三类批评学者自居"舌人"的地位。"舌人"的功用在把外乡话翻译为本地话,叫人能够懂得。站在"舌人"的地位的批评家说:"我不敢发号施令,我也不敢判断是非,我只把作者的性格、时代和环境以及作品的意义解剖出来,让欣赏者看到易于明了。"这一类批评家又可细分为两种。一种如法国的圣伯夫,以自然科学的方法去研究作者的心理,看他的作品与个性、时代和环境有什么关系。一种为注疏家和上文所说的考据家,专以追溯来源、考订字句和解释意义为职务。这两种批评家的功用在帮助了解,他们的价值我们在上文已经说过。

第四类就是近代在法国闹得很久的印象主义的批评。属于这类的学者所居的地位可以说是"饕餮者"的地位。"饕餮者"只贪美味,尝到美味便把它的印象描写出来。他们的领袖是法朗士,他曾经说过:"依我看来,批评和哲学与历史一样,只是一种给深思好奇者看的小说;一切小说,精密地说起来,都是一种自传。凡是真批评家都只叙述他的灵魂在杰作中的冒险。"这是印象派批评家的信条。他们反对"法官"式的批评,因为"法官"式的批评相信美丑有普遍的标准,印象派则主张各人应以自己的嗜好为标准,我自己觉得一个作品好就说它好,否则它虽然是人人所公认为杰作的荷马史诗,我也只把它和许多我所不欢喜的无名小卒一样看待。他们也反对"舌人"

式的批评，因为"舌人"式的批评是科学的、客观的，印象派则以为批评应该是艺术的、主观的，它不应像餐馆的使女只捧菜给人吃，应该亲自尝菜的味道。

一般讨论读书方法的书籍往往劝读者持"批评的态度"。这所谓"批评"究竟取哪一个意义呢？它大半是指"判断是非"。所谓持"批评的态度"去读书，就是说不要"尽信书"，要自己去分判书中何者为真，何者为伪，何者为美，何者为丑。这其实就是"法官"式的批评。这种"批评的态度"和"欣赏的态度"（就是美感的态度）是相反的。批评的态度是冷静的，不杂情感的，其实就是我们在开头时所说的"科学的态度"；欣赏的态度则注重我的情感和物的姿态的交流。批评的态度须用反省的理解，欣赏的态度则全凭直觉。批评的态度预存有一种美丑的标准，把我放在作品之外去评判它的美丑；欣赏的态度则忌杂有任何成见，把我放在作品里面去分享它的生命。遇到文艺作品如果始终持批评的态度，则我是我而作品是作品，我不能沉醉在作品里面，永远得不到真正的美感的经验。

印象派的批评可以说就是"欣赏的批评"。就我个人说，我是倾向这一派的，不过我也明白它的缺点。印象派往往把快感误认为美感。在文艺方面，各人的趣味本来有高低。比如看一幅画，"内行"有"内行"的印象，"外行"有"外行"的印象，这两种印象的价值是否相同呢？我小时候欢喜读《花月痕》和《吕东莱博议》一类的东西，现在回想起来不禁赧颜，究竟是我从前对还是现在对呢？文艺虽无普遍的纪律，而美丑的好恶却有一个道理。遇见一个作品，我们只说："我觉得它好"还不够，我们还应说出我何以觉得它好的道理。说出道理就是一般人所谓批评的态度了。

总而言之，考据不是欣赏，批评也不是欣赏，但是欣赏却不可无考据与批评。从前老先生们太看重考据和批评的功夫，现在一般青年又太不肯做脚踏实地的功夫，以为有文艺的嗜好就可以谈文艺，这都是很大的错误。

七 "情人眼底出西施"

——美与自然

我们关于美感的讨论，到这里可以告一段落了，现在最好把上文所说的话回顾一番，看我们已经占住了多少领土。美感是什么呢？从积极方面说，我们已经明白美感起于形象的直觉，而这种形象是孤立自足的，和实际人生有一种距离；我们已经见出美感经验中我和物的关系，知道我的情趣和物的姿态交感共鸣，才见出美的形象。从消极方面说，我们已经明白美感一不带意志欲念，有异于实用态度，二不带抽象思考，有异于科学态度；我们已经知道一般人把寻常快感、联想以及考据与批评认为美感的经验是一种大误解。

美生于美感经验，我们既然明白美感经验的性质，就可以进一步讨论美的本身了。

什么叫做美呢？

在一般人看，美是物所固有的。有些人物生来就美，有些人物生来就丑。比如称赞一个美人，你说她像一朵鲜花，像一颗明星，像一只轻燕，你决不说她像一个布袋，像一头犀牛或是像一只癞蛤蟆。这就分明承认鲜花、明星和轻燕一类事物原来是美的，布袋、犀牛和癞蛤蟆一类事物原来是丑的。说美人是美的，也犹如说她是高是矮是肥是瘦一样，她的高矮肥瘦是她的星宿定的，是她从娘胎带来的。她的美也是如此，和你看者无关。这种见解并不限于一般人，许多哲学家和科学家也是如此想。所以他们费许多心力去实验最美的颜色是红色还是蓝色，最美的形体是曲线还是直线，最美的音调是 G 调还是 F 调。

但是这种普遍的见解显然有很大的难点，如果美本来是物的属性，则凡是长眼睛的人们应该都可以看到，应该都承认它美，好比一个人的高矮，有尺可量，是高大家就要都说高，是矮大家就要都说矮。但是美的估定就没有一个公认的标准。假如你说一个人美，我说她不美，你用什么方法可以说服我呢？有些人欢喜辛稼轩而讨厌温飞卿，有些人欢喜温飞卿而讨厌辛稼轩，这究竟谁是谁非呢？同是一个对象，有人说美，有人说丑，从此可知美本在物之说有些不妥了。

因此，有一派哲学家说美是心的产品。美如何是心的产品，他们的说法却不一致。康德以为美感判断是主观的而却有普遍性，因为人心的构造彼此相同。黑格尔以为美是在个别事物上见出"概念"或理想。比如你觉得峨眉山美，由于它表现"庄严"、"厚重"的概念。你觉得《孔雀东南飞》美，由于它表现"爱"与"孝"两种理想的冲突。托尔斯泰以为美的事物都含有宗教和道德的教训。此外还有许多其他的说法。说法既不一致，就只有都是错误的可能而没有都是不错的可能，好比一个数学题生出许多不同的答数一样。大约哲学家们都犯过信理智的毛病，艺术的欣赏大半是情感的而不是理智的。在觉得一件事物美时，我们纯凭直觉，并不是在下判断，如康德所说的，也不是在从个别事物中见出普遍原理，如黑格尔、托尔斯泰一般人所说的；因为这些都是科学的或实用的活动，而美感并不是科学的或实用的活动。还不仅此，美虽不完全在物却亦非与物无关，你看到峨眉山才觉得庄严、厚重，看到一个小土墩却不能觉得庄严、厚重。从此可知物须先有使人觉得美的可能性，人不能完全凭心灵创造出美来。

依我们看，美不完全在外物，也不完全在人心，它是心物婚媾后所产生的婴儿。美感起于形象的直觉。形象属物而却不完全属于物，因为无我即无由见出形象；直觉属我却又不完全属于我，因为无物则直觉无从活动。美之中要有人情也要有物理，二者缺一都不能见出美。再拿欣赏古松的例子来说，松的苍翠劲直是物理，松的清风亮节是人情。从"我"的方面说，古松的形象并非天生自在的，同是一棵古松，千万人所见到的形象就有千万不同，所以每个形象都是每个人凭着人情创造出来的，每个人所见到的古松的形象就是每个人所创造的艺术品，它有艺术品通常所具的个性，它能表现各个人的性分和情趣。从"物"的方面说，创造都要有创造者和所创造物，所创造物并非从无中生有，也要有若干材料，这材料也要有创造成美的可能性。松所生的意象和柳所生的意象不同，和癞蛤蟆所生的意象更不同。所以松的形象这一个艺术品的成功，一半是我的贡献，一半是松的贡献。

这里我们要进一步研究我与物如何相关了。何以有些事物使我觉得美，有些事物使我觉得丑呢？我们最好用一个浅例来说明这个道理。比如我们看下列六条垂直线，往往把它们看成三个柱子，觉得这三个柱子所围的空间（即 A 与 B、C 与 D 和 E 与 F 所围的空间）离我们较近，而 B 与 C 以及 D 与 E 所围的空间则看成背景，离我们较远。还不仅此。我们把这六条垂直线摆在一块看，它们仿佛自成一个谐和的整体；至于 G 与 H 两条没有规律的线则仿佛是这整体以外的东西，如果勉强把它搭上前面的六条线一块看，就觉得它不和谐。

从这个有趣的事实，我们可以看出两个很重要的道理：

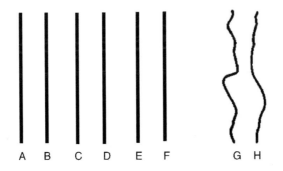

(1) A 与 B、C 与 D、E 与 F 距离都相等。
(2) B 与 C、D 与 E 距离相等，略大于 A 与 B 的距离。
(3) F 与 G 的距离较 B 与 C 的距离大。
(4) A、B、C、D、E、F 为六条平行垂直线，G 与 H 为两条没有规律的线。

一、最简单的形象的直觉都带有创造性。把六条垂直线看成三个柱子，就是直觉到一种形象。它们本来同是垂直线，我们把 A 和 B 选在一块看，却不把 B 和 C 选在一块看；同是直线所围的空间，本来没有远近的分别，我们却把 A、B 中空间看得近，把 B、C 中空间看得远。从此可知在外物者原来是散漫混乱，经过知觉的综合作用，才现出形象来。形象是心灵从混乱的自然中所创造成的整体。

二、心灵把混乱的事物综合成整体的倾向却有一个限制，事物也要本来就有可综合为整体的可能性。A 至 F 六条线可以看成一个整体，G 与 H 两条线何以不能纳入这个整体里面去呢？这里我们很可以见出在觉美觉丑时心和物的关系。我们从左看到右时，看出 C、D 和 A、B 相似，D、E 又和 B、C 相似。这两种相似的感觉便在心中形成一个有规律的节奏，使我们预料此后都可由此例推，右边所有的线都顺着左边诸线的节奏。视线移到 E、F 两线时，所预料的果然出现，E、F 果然与 C、D 也相似。预料而中，自然发生一种快感。但是我们再向右看，看到 G 与 H 两线时，就猛觉与前不同，不但 G 和 F 的距离猛然变大，原来是像柱子的平行垂直线，现在却是两条毫无规律的线。这是预料不中，所以引起不快感。因此 G 与 H 两线不但在物理方面和其他六条线不同，在情感上也和它们不能谐和，所以被摈于整体之外。

这里所谓"预料"自然不是有意的，好比深夜下楼一样，步步都踏着一步梯，就无意中预料以下都是如此，倘若猛然遇到较大的距离，或是踏到平地，才觉得这是出乎意料。许多艺术都应用规律和节奏，而规律和节奏所生的心理影响都以这种无意的预料为基础。

懂得这两层道理，我们就可以进一步来研究美与自然的关系了。一般人常欢喜说"自然美"，好像以为自然中已有美，纵使没有人去领略它，美也还是在那里。这种见解就是我们在上文已经驳过的美本在物的说法。其实"自然美"三个字，从美学观点看，是自相矛盾的，是"美"就不"自然"，只是"自然"就还没有成为"美"。说"自然美"就好比说上文六条垂直线已有三个柱子的形象一样。如果你觉得自然美，自然就已经过艺术化，成为你的作品，不复是生糙的自然了。比如你欣赏一棵古松，一座高山，或是一湾清水，你所见到的形象已经不是松、山、水的本色，而是经过人情化的，各人的情趣不同，所以各人所得于松、山、水的也不一致。

　　流行语中有一句话说得极好："情人眼底出西施。"美的欣赏极似"柏拉图式的恋爱"。你在初尝恋爱的滋味时，本来也是寻常血肉做的女子却变成你的仙子。你所理想的女子的美点她都应有尽有。在这个时候，你眼中的她也不复是她自己原身而是经你理想化过的变形。你在理想中先酝酿成一个尽美尽善的女子，然后把她外射到你的爱人身上去，所以你的爱人其实不过是寄托精灵的躯骸。你只见到精灵，所以觉得无瑕可指；旁人冷眼旁观，只见到躯骸，所以往往诧异道："他爱上她，真是有些奇怪。"一言以蔽之，恋爱中的对象是已经艺术化过的自然。

　　美的欣赏也是如此，也是把自然加以艺术化。所谓艺术化，就是人情化和理想化。不过美的欣赏和寻常恋爱有一个重要的异点。寻常恋爱都带有很强烈的占有欲，你既恋爱一个女子，就有意无意地存有"欲得之而甘心"的态度。美感的态度则丝毫不带占有欲。一朵花无论是生在邻家的园子里或是插在你自己的瓶子里，你只要能欣赏，它都是一样美。老子所说的"为而不有，功成而不居"，可以说是美感态度的定义。古董商和书画金石收藏家大半都抱有"奇货可居"的态度，很少有能真正欣赏艺术的。我在上文说过，美的欣赏极似"柏拉图式的恋爱"，所谓"柏拉图式的恋爱"对于所爱者也只是无所为而为的欣赏，不带占有欲。这种恋爱是否可能，颇有人置疑，但是历史上有多少著例，凡是到极浓度的初恋者也往往可以达到胸无纤尘的境界。

八 "依样画葫芦"

——写实主义和理想主义的错误

从美学观点看,"自然美"虽是一个自相矛盾的名词,但是通常说"自然美"时所用的"美"字却另有一种意义,和说"艺术美"时所用的"美"字不应该混为一事,这个分别非常重要,我们须把它剖析清楚。

自然本来混整无别,许多分别都是从人的观点看出来的。离开人的观点而言,自然本无所谓真伪,真伪是科学家所分别出来以便利思想的;自然本无所谓善恶,善恶是伦理学家所分别出来以规范人类生活的。同理,离开人的观点而言,自然也本无所谓美丑,美丑是观赏者凭自己的性分和情趣见出来的。自然界唯一无二的固有的分别,只是常态与变态的分别。通常所谓"自然美"就是指事物的常态,所谓

"自然丑"就是指事物的变态。

举个例来说，比如我们说某人的鼻子生得美，它大概应该像什么样子呢？太大的、太小的、太高的、太低的、太肥的、太瘦的鼻子都不能算得美。美的鼻子一定大小肥瘦高低件件都合式。我们说它不太高，说它件件都合式，这就是承认鼻子的大小高低等等原来有一个标准。这个标准是如何定出来的呢？你如果仔细研究，就可以发现它是取决多数，像选举投票一样。如果一百人之中有过半数的鼻子是一寸高，一寸就成了鼻高的标准。不及一寸高的鼻子就使人嫌它太低，超过一寸高的鼻子就使人嫌它太高。鼻子通常都是从上面逐渐高到下面来，所以称赞生得美的鼻子，我们往往说它"如悬胆"。如果鼻子上下都是一样粗细，像腊肠一样，或是鼻孔朝天露出，那就太稀奇古怪了，稀奇古怪便是变态。通常人说一件事丑，其实不过是因为它稀奇古怪。

照这样说，世间美鼻子应该多于丑鼻子，何以实际上不然呢？自然美的难，难在件件都合式。高低合式的大小或不合式，大小合式的肥瘦或不合式。所谓"式"就是标准，就是常态，就是最普遍的性质。自然美为许多最普遍的性质之总和。就每个独立的性质说，它是最普遍的；但是就总和说，它却不可多得，所以成为理想，为人称美。

一切自然事物的美丑都可以作如是观。宋玉形容一个美人说：

> 天下之佳人莫若楚国，楚国之丽者莫若臣里，臣里之美者莫若臣东家之子。东家之子增之一分则太长，减之一分则太短，着粉则太白，施朱则太赤。

照这样说，美人的美就在安不上"太"字，一安上"太"字就不免有些丑了。"太"就是超过常态，就是稀奇古怪。

人物都以常态为美。健全是人体的常态，耳聋、口吃、面麻、颈肿、背驼、足跛，都不是常态，所以都使人觉得丑。一般生物的常态是生气蓬勃，活泼灵巧。所以就自然美而论，猪不如狗，龟不如蛇，樗不如柳，老年人不如少年人。非生物也是如此。山的常态是巍峨，所以巍峨最易显出山的美；水的常态是浩荡明媚，所以浩荡明媚最易显出水的美。同理，花宜清香，月宜皎洁，春风宜温和，秋雨宜凄厉。

通常所谓"自然美"和"自然丑",分析起来,意义不过如此。艺术上所谓美丑,意义是否相同呢?

一般人大半以为自然美和艺术美的对象和成因虽不同,而其为美则一。自然丑和艺术丑也是如此。这个普遍的误解酿成艺术史上两种表面相反而实在都是错误的主张,一是写实主义,一是理想主义。

写实主义是自然主义的后裔。自然主义起于法人卢梭。他以为上帝经手创造的东西,本来都是尽美尽善,人伸手进去搅扰,于是它们才被弄糟。人工造作,无论如何精巧,终比不上自然。自然既本来就美,艺术家最聪明的办法就是模仿它。在英人罗斯金看,艺术原来就是从模仿自然起来的。人类本来住在露天的树林中,后来他们建筑房屋,仍然是以树林和天空为模型。建筑如此,其他艺术亦然。人工不敌自然,所以用人工去模仿自然时,最忌讳凭己意选择去取。罗斯金说:

> 纯粹主义者拣选精粉,感官主义者杂取秕糠,至于自然主义则兼容并包,是粉就拿来制饼,是草就取来塞床。

这段话后来变成写实派的信条。写实主义最盛于十九世纪后半叶的法国,尤其是在小说方面。左拉是大家公认的代表。所谓写实主义就是完全照实在描写,愈像愈妙。比如描写一个酒店就要活像一个酒店,描写一个妓女就要活像一个妓女。既然是要像,就不能不详尽精确,所以写实派作者欢喜到实地搜集"凭据",把它们很仔细地写在笔记簿上,然后把它们整理一番,就成了作品。他们写一间房屋时至少也要用三五页的篇幅,才肯放松它。

这种艺术观的难点甚多,最显著的有两端。第一,艺术的最高目的既然只在模仿自然,自然本身既已美了,又何必有艺术呢?如果妙肖自然,是艺术家的唯一能事,则寻常照相家的本领都比吴道子、唐六如高明了。第二,美丑是相对的名词,有丑然后才显得出美。如果你以为自然全体都是美,你看自然时便没有美丑的标准,便否认有美丑的比较,连"自然美"这个名词也没有意义了。

理想主义有见于此。依它说,自然中有美有丑,艺术只模仿自然的美,丑的东西应丢开。美的东西之中又有些性质是重要的,有些性质是琐屑的,艺术家只选择重要的,琐屑的应丢开。这种理想主义和古典主义通常携手并行。古典主义最重"类型",所谓"类型"就是全类事物的模子。一件事物可以代表一切其他同类事物时就可以说是类型。比如说画马,你不应该画得只像这匹马或是只像那匹马,你该画得像一切马,使每个人见到你的画都觉得他所知道的马恰是像那种模样。要画得像一切马,就须把马的特征,马的普遍性画出来,至于这匹马或那匹马所特有的个性则"琐屑"不足道。假如你选择某一匹马来做模型,它一定也要富于代表性。这就是古典派的类型主义。从此可知类型就是我们在上文所说的事物的常态,就是一般人的"自然美"。

这种理想主义似乎很能邀信任常识者的同情,但是它和近代艺术思潮颇多冲突。艺术不像哲学,它的生命全在具体的形象,最忌讳的是抽象化。凡是一个模样能套上一切人物时就不能适合于任何人,好比衣帽一样。古典派的类型有如几何学中的公理,虽然应用范围很广泛,却不能引起观者的切身的情趣。许多人所公有的性质,在古典派看,虽是精深,而在近代人看,却极平凡、粗浅。近代艺术所搜求的不是类型而是个性,不是彰明较著的色彩而是毫厘之差的阴影。直鼻子、横眼睛是古典派所谓类型。如果画家只能够把鼻子画直,眼睛画横,结果就难免千篇一律,毫无趣味。他应该能够把这个直鼻子所以异于其他直鼻子的,这个横眼睛所以异于其他横眼睛的地方表现出来,才算是有独到的功夫。

在表面上看,理想主义和写实主义似乎相反,其实它们的基本主张是相同的,它们都承认自然中本来就有所谓美,它们都以为艺术的任务在模仿,艺术美就是从自然美模仿得来的。它们的艺术主张都可以称为"依样画葫芦"的主义。它们所不同者,写实派以为美在自然全体,只要是葫芦,都可以拿来做画的模型;理想派则以为美在类型,画家应该选择一个最富于代表性的葫芦。严格地说,理想主义只是一种精炼的写实主义,以理想派攻击写实派,不过是以五十步笑百步罢了。

艺术对于自然,是否应该持"依样画葫芦"的态度呢?艺术美是否从模仿自然美得来的呢?要回答这个问题,我们应该注意到两件事实:

一、自然美可以化为艺术丑。长在藤子上的葫芦本来很好看,如果你的手艺不高明,画在纸上的葫芦就不很雅观。许多香烟牌和月份牌上面的美人画就是如此,以人而论,面孔倒还端正,眉目倒还清秀;以画而论，则往往恶劣不堪。毛延寿有心要害王昭君，才把她画丑。世间有多少王昭君都被有善意而无艺术手腕的毛延寿糟蹋了。

二、自然丑也可以化为艺术美。本来是一个很丑的葫芦，经过大画家点铁成金的手腕，往往可以成为杰作。大醉大饱之后睡在床上放屁的乡下老太婆未必有什么风韵，但是我们谁不高兴看醉卧怡红院的刘姥姥？从前艺术家大半都怕用丑材料，近来艺术家才知道熔自然丑于艺术美，可以使美者更见其美。荷兰画家伦勃朗欢喜画老朽人物，法国文学家波德莱尔欢喜拿死尸一类的事物做诗题，雕刻家罗丹和爱朴斯丹也常用在自然中为丑的人物，都是最显著的例子。

这两件事实所证明的是什么呢？

一、艺术的美丑和自然的美丑是两件事。

二、艺术的美不是从模仿自然美得来的。

从这两点看，写实主义和理想主义都是一样错误，它们的主张恰与这两层道理相反。要明白艺术的真性质，先要推翻它们的"依样画葫芦"的小法，无论这个葫芦是经过选择，或是没有经过选择。

我们说"艺术美"时，"美"字只有一个意义，就是事物现形象于直觉的一个特点。事物如果要能现形象于直觉,它的外形和实质必须融化成一气,它的姿态必可以和人的情趣交感共鸣。这种"美"都是创造出来的,不是天生自在俯拾即是的,它都是"抒情的表现"。我们说"自然美"时,"美"字有两种意义。第一种意义的"美"就是上文所说的常态,例如背通常是直的,直背美于驼背。第二种意义的"美"其实就是艺术美。我们在欣赏一片山水而觉其美时,就已经把自己的情趣外射到山水里去,就已把自然加以人情化和艺术化了。所以有人说:"一片自然风景就是一种心境。"一般人的错误在只知道第一种意义的自然美,以为艺术美和第二种意义的自然美原来也不过如此。

法国画家德拉库瓦说得好:"自然只是一部字典而不是一部书。"人人尽管都有一部字典在手边,可是用这部字典中的字来做出诗文,则全凭各人的情趣和才学。做得好诗文的人都不能说是模仿字典,说自然本来就美("美"字用"艺术美"的意义)者也犹如说字典中原来就有《陶渊明集》和《红楼梦》一类作品在内。这显然是很荒谬的。

九 "大人者不失其赤子之心"
——艺术与游戏

一直到现在,我们所讨论的都偏重欣赏。现在我们可以换一个方向来讨论创造了。

既然明白了欣赏的道理,进一步来研究创造,便没有什么困难,因为欣赏和创造的距离并不像一般人所想象的那么远。欣赏之中都寓有创造,创造之中也都寓有欣赏。创造和欣赏都是要见出一种意境,造出一种形象,都要根据想象与情感。比如说姜白石的"数峰清苦,商略黄昏雨"一句词含有一个受情感饱和的意境。姜白石在作这句词时,先须从自然中见出这种意境,然后拿这几个字把它翻译出来。在见到意境的一刹那中,他是在创造也是在欣赏。我在读这句词时,这九个字对于我只是一种符号,我要能认识这种符号,要凭想象与情感从这种符号中领略出姜白石原来所见到的意境，须把他的译文翻回到原文。我在见到他的意境一刹那中，我是在欣赏也是在创造，倘若我丝毫无所创造，他所用的九个字对于我就漫无意义了。一首诗作成之后，不是就变成个个读者的产业，使他可以坐享其成。它也好比一片自然风景，观赏者要拿自己的想象和情趣来交接它，才能有所得。他所得的深浅和他自己的想象与情趣成比例。读诗就是再作诗，一首诗的生命不是作者一个人所能维持住，也要读者帮忙才行。读者的想象和情感是生生不息的，一首诗的生命也就是生生不息的，它并非是一成不变的。一切艺术作品都是如此，没有创造就不能有欣赏。

　　创造之中都寓有欣赏，但是创造却不全是欣赏。欣赏只要能见出一种意境，而创造却须再进一步，把这种意境外射出来，成为具体的作品。这种外射也不是易事，它要有相当的天才和人力，我们到以后还要详论它，现在只就艺术的雏形来研究欣赏和创造的关系。

　　艺术的雏形就是游戏。游戏之中就含有创造和欣赏的心理活动。人们不都是艺术家，但每一个人都做过儿童，对于游戏都有几分经验。所以要了解艺术的创造和欣赏，最好是先研究游戏。

骑马的游戏是很普遍的，我们就把它做例来说。儿童在玩骑马的把戏时，他的心理活动可以用这么一段话说出来："父亲天天骑马在街上走，看他是多么好玩！多么有趣！我们也骑来试试看。他的那匹大马自然不让我们骑。小弟弟，你弯下腰来，让我骑！特！特！走快些！你没有气力了吗？我去换一匹马吧。"于是厨房里的竹帚夹在胯下又变成一匹马了。

从这个普遍的游戏中间，我们可以看出几个游戏和艺术的类似点。

一、像艺术一样，游戏把所欣赏的意象加以客观化，使它成为一个具体的情境。小孩子心里先印上一个骑马的意象，这个意象变成他的情趣的集中点（这就是欣赏）。情趣集中时意象大半孤立，所以本着单独观念实现于运动的普遍倾向，从心里外射出来，变成一个具体的情境（这就是创造），于是有骑马的游戏。骑马的意象原来是心镜从外物界所摄来的影子。在骑马时儿童仍然把这个影子交还给外物界。不过这个影子在摄来时已顺着情感的需要而有所选择去取，在脑里打一个翻转之后，又经过一番意匠经营，所以不复是生糙的自然。一个人可以当马骑，一个竹帚也可以当马骑。换句话说，儿童的游戏不完全是模仿自然，它也带有几分创造性。他不仅做骑马的游戏，有时还拣一支粉笔或土块在地上画一个骑马的人。他在一个圆圈里画两点一直一横就成了一个面孔，在下面再安上两条线就成了两只腿。他原来看人物时只注意到这些最刺眼的运动的部分，他是一个印象派的作者。

二、像艺术一样，游戏是一种"想当然耳"的勾当。儿童在拿竹帚当马骑时，心里完全为骑马这个有趣的意象占住，丝毫不注意到他所骑的是竹帚而不是马。他聚精会神到极点，虽是在游戏而却不自觉是在游戏。本来是幻想的世界，却被他看成实在的世界了。他在幻想世界中仍然持着郑重其事的态度。全局尽管荒唐，而各部分却仍须合理。有两位小姊妹正在玩做买卖的把戏，她们的母亲从外面走进来向扮店主的姐姐亲了个嘴，扮顾客的妹妹便抗议说："妈妈，你为什么同开店的人亲嘴？"从这个实例看，我们可以知道儿戏很类似写剧本或是写小说，在不近情理之中仍须不背乎情理，要有批评家所说的"诗的真实"。成人们往往嗤不郑重的事为儿戏，其实成人自己很少像儿童在游戏时那么郑重，那么专心，那么认真。

三、像艺术一样，游戏带有移情作用，把死板的宇宙看成活跃的生灵。我们成人把人和物的界线分得很清楚，把想象的和实在的分得很清楚。在儿童心中这种分别是很模糊的。他把物视同自己一样，以为它们也有生命，也能痛能痒。他拿竹帚当马骑时，你如果在竹帚上扯去一条竹枝，那就是在他的马身上扯去一根毛，在骂你一场之后，他还要向竹帚说几句温言好语。他看见星说是天映眼，看见露说是花垂泪。这就是我们在前面说过的"宇宙的人情化"。人情化可以说是儿童所特有的体物的方法。人越老就越不能起移情作用，我和物的距离就日见其大，实在的和想象的隔阂就日见其深，于是这个世界也就越没有趣味了。

四、像艺术一样，游戏是在现实世界之外另造一个理想世界来安慰情感。骑竹马的小孩子一方面觉得骑马的有趣，一方面又苦于骑马的不可能，骑马的游戏是他弥补现实缺陷的一种方法。近代有许多学者说游戏起于精力的过剩，有力没处用，才去玩把戏。这话虽然未可尽信，却含有若干真理。人生来就好动，生而不能动，便是苦恼。疾病、老朽、幽囚都是人所最厌恶的,就是它们夺去动的可能。动愈自由即愈使人快意,所以人常厌恶有限而追求无限。现实界是有限制的,不能容人尽量自由活动。人不安于此,于是有种种苦闷厌倦。要消遣这种苦闷厌倦,人于是自架空中楼阁。苦闷起于人生对于"有限"的不满,幻想就是人生对于"无限"的寻求,游戏和文艺就是幻想的结果。它们的功用都在帮助人摆脱实在的世界的缰锁,跳出到可能的世界中去避风息凉。人愈到闲散时愈觉单调生活不可耐,愈想在呆板平凡的世界中寻出一点出乎常轨的偶然的波浪,来排忧解闷。所以游戏和艺术的需要在闲散时愈紧迫。就这个意义说,它们确实是一种"消遣"。

儿童在游戏时意造空中楼阁,大概都现出这几个特点。他们的想象力还没有受经验和理智束缚死,还能去来无碍。只要有一点实事实物触动他们的思路,他们立刻就生出一种意境,在一弹指间就把这种意境渲染成五光十彩。念头一动,随便什么事物都变成他们的玩具,你给他们一个世界,他们立刻就可以造出许多变化离奇的世界来交还你。他们就是艺术家。一般艺术家都是所谓"大人者不失其赤子之心"。

艺术家虽然"不失其赤子之心",但是他究竟是

"大人",有赤子所没有的老练和严肃。游戏究竟只是雏形的艺术而不就是艺术。它和艺术有三个重要的异点。

一、艺术都带有社会性,而游戏却不带社会性。儿童在游戏时只图自己高兴,并没有意思要拿游戏来博得旁观者的同情和赞赏。在表面看,这似乎是偏于唯我主义,但是这实在由于自我观念不发达。他们根本就没有把物和我分得很清楚,所以说不到求人同情于我的意思。艺术的创造则必有欣赏者。艺术家见到一种意境或是感到一种情趣,自得其乐还不甘心,他还要旁人也能见到这种意境,感到这种情趣。他固然不迎合社会心理去沽名钓誉,但是他是一个热情者,总不免希望世有知音同情。因此艺术不像克罗齐派美学家所说的,只达到"表现"就可以了事,它还要能"传达"。在原始时期,艺术的作者就是全民众,后来艺术家虽自成一阶级,他们的作品仍然是全民众的公有物。艺术好比一棵花,社会好比土壤,土壤比较肥沃,花也自然比较茂盛。艺术的风尚一半是作者造成的,一半也是社会造成的。

二、游戏没有社会性,只顾把所欣赏的意象"表现"出来;艺术有社会性,还要进一步把这种意象传达于天下后世,所以游戏不必有作品而艺术则必有作品。游戏只是逢场作戏,比如儿童堆沙为屋,还未堆成,即已推倒,既已尽兴,便无留恋。艺术家对于得意的作品常加意珍护,像慈母待婴儿一般。音乐家贝多芬常言生存是一大痛苦,如果他不是心中有未尽之蕴要谱于乐曲,他久已自杀。司马迁也是因为要作《史记》,所以隐忍受腐刑的羞辱。从这些实例看,可知艺术家对于艺术比一切都看重。他们自己知道珍贵美的形象,也希望旁人能同样地珍贵它。他自己见到一种精灵,并且想使这种精灵在人间永存不朽。

　　三、艺术家既然要借作品"传达"他的情思给旁人,使旁人也能同赏共乐,便不能不研究"传达"所必需的技巧。他第一要研究他所借以传达的媒介,第二要研究应用这种媒介如何可以造成美形式出来。比如说作诗文,语言就是媒介。这种媒介要恰能传出情思,不可任意乱用。相传欧阳修《昼锦堂记》首两句本是"仕宦至将相,富贵归故乡",送稿的使者已走过几百里路了,他还要打发人骑快马去添两个"而"字。文人用字不苟且,通常如此。儿童在游戏时对于所用的媒介决不这样谨慎选择。他戏骑马时遇着竹帚就用竹帚,遇着板凳就用板凳,反正这不过是一种代替意象的符号,只要他自己以为那是马就行了,至于旁人看见时是否也恰能想到马的意象,他却丝毫不介意。倘若画家意在马而画一个竹帚出来,谁人能了解他的原意呢?艺术的内容和形式都要恰能融合一气,这种融合就是美。

总而言之,艺术虽伏根于游戏本能,但是因为同时带有社会性,须留有作品传达情思于观者,不能不顾到媒介的选择和技巧的锻炼。它逐渐发达到现在,已经在游戏前面走得很远,令游戏望尘莫及了。

十　空中楼阁

——创造的想象

艺术和游戏都是意造空中楼阁来慰情遣兴。现在我们来研究这种楼阁是如何建筑起来，这就是说，看看诗人在作诗或是画家在作画时的心理活动到底像什么样。

为说话易于明了起见，我们最好拿一个艺术作品做实例来讲。本来各种艺术都可以供给这种实例，但是能拿真迹摆在我们面前的只有短诗。所以我们姑且选一首短诗，不过心里要记得其他艺术作品的道理也是一样。比如王渔洋所推许为唐人七绝"压卷"作的王昌龄的《长信怨》：

奉帚平明金殿开，暂将团扇共徘徊。玉颜不及寒鸦色，犹带昭阳日影来。

大家都知道，这首诗的主人是班婕妤。她从失宠于汉成帝之后，谪居长信宫奉侍太后。昭阳殿是汉成帝和赵飞燕住的地方。这首诗是一个具体的艺术作品。王昌龄不曾留下记载来，告诉我们他作时心理历程如何，他也许并没有留意到这种问题。但是我们用心理学的帮助来从文字上分析，也可以想见大概。他作这首诗时有哪些心理的活动呢？

一、他必定使用想象。

什么叫做想象呢？它就是在心里唤起意象。比如看到寒鸦，心中就印下一个寒鸦的影子，知道它像什么样，这种心镜从外物摄来的影子就是"意象"。意象在脑中留有痕迹，我眼睛看不见寒鸦时仍然可以想到寒鸦像什么样，甚至于你从来没有见过寒鸦，别人描写给你听，说它像什么样，你也可以凑合已有意象推知大概。这种回想或凑合以往意象的心理活动叫做"想象"。

想象有再现的，有创造的。一般的想象大半是再现的。原来从知觉得来的意象如此，回想起来的意象仍然是如此，比如我昨天看见一只鸦，今天回想它的形状，丝毫不用自己的意思去改变它，就是只用再现的想象。艺术作品不能不用再现的想象。比如这首诗里"奉帚"、"金殿"、"玉颜"、"寒鸦"、"日影"、

"团扇"、"徘徊"等等,在独立时都只是再现的想象。"团扇"一个意象尤其如此。班婕妤自己在《怨歌行》里已经用过秋天丢开的扇子自比,王昌龄不过是借用这个典故。诗作出来总须旁人能懂得,"懂得"这是能够唤起以往的经验来印证。用以往的经验来印证新经验大半凭借再现的想象。

但是只有再现的想象决不能创造艺术。艺术既是创造的,就要用创造的想象。创造的想象也并非从无中生有,它仍用已有意象,不过把它们加以新配合。王昌龄的《长信怨》精彩全在后两句,这后两句就是用创造的想象做成的。个个人都见过"寒鸦"和"日影",从来却没有人想到班婕妤的"怨"可以见于带昭阳日影的寒鸦。但是这话一经王昌龄说出,我们就觉得它实在是至情至理。从这个实例看,创造的定义就是:平常的旧材料之不平常的新综合。

王昌龄的题目是《长信怨》。"怨"字是一个抽象的字,他的诗却画出一个如在目前的具体的情境,不言怨而怨自见。艺术不同哲学,它最忌讳抽象。抽象的概念在艺术家的脑里都要先翻译成具体的意象,然后才表现于作品。具体的意象才能引起深切的情感。比如说"贫富不均"一句话入耳时只是一笔冷冰冰的总账，杜工部的"朱门酒肉臭，路有冻死骨"才是一幅惊心动魄的图画。思想家往往不是艺术家，就因为不能把抽象的概念翻译为具体的意象。

从理智方面看，创造的想象可以分析为两种心理作用：一是分想作用，一是联想作用。

我们所有的意象都不是独立的，都是嵌在整个经验里面的，都是和许多其他意象固结在一起的。比如我昨天在树林里看见一只鸦，同时还看见许多其他事物，如树林、天空、行人等等。如果这些记忆都全盘复现于意识，我就无法单提鸦的意象来应用。好比你只要用一根丝，它裹在一团丝里，要单抽出它而其他的丝也连带地抽出来一样。"分想作用"就是把某一个意象（比如说鸦）和与它相关的许多意象分开而单提出它来。这种分想作用是选择的基础。许多人不能创造艺术就因为没有这副本领。他们常常说："一部十七史从何处说起？"他们一想到某一个意象，其余许多平时虽有关系而与本题却不相干的意象都一齐涌上心头来，叫他们无法脱围。小孩了读死书，往往要从头背诵到尾，才想起一篇文章中某一句话来，也就是吃不能"分想"的苦。

有分想作用而后有选择，只是选择有时就已经是创造。雕刻家在一块顽石中雕出一座爱神来,画家在一片荒林中描出一幅风景画来,都是在混乱的情境中把用得着的成分单提出来;把用不着的成分丢开,来造成一个完美的形象。诗有时也只要有分想作用就可以作成。例如"采菊东篱下,悠然见南山","寒波澹澹起,白鸟悠悠下","风吹草低见牛羊"诸名句都是从混乱的自然中划出美的意象来,全无机杼的痕迹。

不过创造大半是旧意象的新综合,综合大半借"联想作用"。我们在上文谈美感与联想时已经说过错乱的联想妨碍美感的道理,但是我们却保留过一条重要的原则:"联想是知觉和想象的基础。艺术不能离开知觉和想象,就不能离开联想。"现在我们可以详论这番话的意义了。

我们曾经把联想分为"接近"和"类似"两类。比如这首诗里所用的"团扇"这个意象,在班婕妤自己第一次用它时,是起于类似联想,因为她见到自己色衰失宠类似秋天的弃扇;在王昌龄用它时则起于接近联想,因为他读过班婕妤的《怨歌行》,提起班婕妤就因经验接近而想到团扇的典故。不过他自然也可以想到她和团扇的类似。

"怀古"、"忆旧"的作品大半起于接近联想,例如看到赤壁就想起曹操和苏东坡，看到遗衣挂壁就想到已故的妻子。类似联想在艺术上尤其重要。《诗经》中"比"、"兴"两体都是根据类似联想。比如《关关雎鸠》章就是拿雎鸠的挚爱比夫妇的情谊。《长信怨》里的"玉颜"在现在已成滥调，但是第一次用这两个字的人却费了一番想象。"玉"和"颜"本来是风马牛不相及，只因为在色泽肤理上相类似，就嵌合在一起了。语言文字的引申义大半都是这样起来的。例如"云破月来花弄影"一句词中三个动词都是起于类似联想的引申义。

因为类似联想的结果，物固然可以变成人，人也可变成物。物变成人通常叫做"拟人"。《长信怨》的"寒鸦"是实例。鸦是否能寒，我们不能直接感觉到，我们觉得它寒，便是设身处地地想。不但如此，寒鸦在这里是班婕妤所羡慕而又妒忌的受恩承宠者，它也许是隐喻赵飞燕。一切移情作用都起类似联想，都是"拟人"的实例。例如"感时花溅泪，恨别鸟惊心"和"水是眼波横，山是眉峰聚"一类的诗句都是以物拟人。

人变成物通常叫做"托物"。班婕妤自比"团扇"，就是托物的实例。"托物"者大半不愿直言心事，故婉转以隐语出之。曹子建被迫于乃兄，在走七步路的时间中作成一首诗说：

> 煮豆燃豆萁，豆在釜中泣。本是同根生，相煎何太急！

清朝有一位诗人不敢直骂爱新觉罗氏以胡人夺了明朝的江山，乃在咏《紫牡丹》诗里寄意说：

> 夺朱非正色，异种亦称王。

这都是托物的实例。最普通的托物是"寓言"，寓言大半拿动植物的故事来隐射人类的是非善恶。托物是中国文人最喜欢的玩意儿。庄周、屈原首开端倪。但是后世注疏家对于古人诗文往往穿凿附会太过，黄山谷说得好：

> 彼喜穿凿者弃其大旨，取其发兴，于所遇林泉人物草木鱼虫，以为物物皆有所托，如世间商度隐语者，则诗委地矣！

"拟人"和"托物"都属于象征。所谓"象征"，就是以甲为乙的符号。甲可以做乙的符号，大半起于类似联想。象征最大的用处就是以具体的事物来代替抽象的概念。我们在上文说过，艺术最怕抽象和空泛，象征就是免除抽象和空泛的无二法门。象征的定义可以说是："寓理于象"。梅圣俞《续金针诗格》里有一段话很可以发挥这个定义：

> 诗有内外意，内意欲尽其理，外意欲尽共象。内外意含蓄，方入诗格。

上面诗里的"昭阳日影"便是象征皇帝的恩宠。"皇帝的恩宠"是"内意"，是"理"，是一个空泛的抽象概念，所以王昌龄拿"昭阳日影"这个具体的意象来代替它。"昭阳日影"便是"象"，便是"外意"。不过这种象征是若隐若现的。诗人用"昭阳日影"时，原来因为"皇帝的恩宠"一类的字样不足以尽其意蕴，如果我们一定要把它明白指为"皇帝的恩宠"的象征，这又未免剪云为裳，以迹象绳玄渺了。诗有可以解说出来的地方，也有不可以解说出来的地方。不可以言传的全赖读者意会。在微妙的境界我们尤其不可拘虚绳墨。

十一 "超以象外，得其环中"
——创造与情感

二、诗人于想象之外又必有情感。

分想作用和联想作用只能解释某意象的发生如何可能，不能解释作者在许多可能的意象之中何以独抉择该意象。再就上文所引的王昌龄的《长信怨》来说，长信宫四围的事物甚多，他何以单择寒鸦？和寒鸦可发生联想的事物甚多，他何以单择昭阳日影？联想并不是偶然的，有几条路可走时而联想只走某一条路，这就由于情感的阴驱潜率。在长信宫四围的许多事物之中只有带昭阳日影的寒鸦可以和弃妇的情怀相照映，只有它可以显出一种"怨"的情境。在艺术作品中人情和物理要融成一气，才能产生一个完整的境界。

这个道理可以再用一个实例来说明，比如王昌龄的《闺怨》：

> 闺中少妇不知愁，春日凝妆上翠楼。忽见陌头杨柳色，悔教夫婿觅封侯！

杨柳本来可以引起无数的联想，桓温因杨柳而想到"树犹如此，人何以堪！"萧道成因杨柳而想起"此柳风流可爱，似张绪当年！"韩君平因杨柳而想起"昔日青青今在否"的章台妓女，何以这首诗的主人独懊悔当初劝丈夫出去谋官呢？因为"夫婿"的意象对于"春日凝妆上翠楼"的闺中少妇是一种受情感饱和的意象，而杨柳的浓绿又最易惹起春意，所以经它一触动，"夫婿"的意象就立刻浮上她的心头了。情感是生生不息的，意象也是生生不息的。换一种情感就是换一种意象，换一种意象就是换一种境界。即景可以生情，因情也可以生景。所以诗是作不尽的。有人说，风花雪月等等都已经被前人说滥了，所有的诗都被前人作尽了，诗是没有未来的了。这般人不但不知诗为何物，也不知生命为何物。诗是生命的表现。生命像柏格森所说的，时时在变化中即时时在创造中。说诗已经作穷了，就不啻说生命已到了末日。

王昌龄既不是班婕妤，又不是"闺中少妇"，何以能感到她们的情感呢？这又要回到"子非鱼，安知鱼之乐"的老问题了。诗人和艺术家都有"设身处地"和"体物入微"的本领。他们在描写一个人时，就要钻进那个人的心孔，在霎时间就要变成那个人，亲自享受他的生命，领略他的情感。所以我们读他们的作品时，觉得它深中情理。在这种心灵感通中我们可以见出宇宙生命的联贯。诗人和艺术家的心就是一个小宇宙。

一般批评家常欢喜把文艺作品分为"主观的"和"客观的"两类，以为写自己经验的作品是主观的，写旁人的作品是客观的。这种分别其实非常肤浅。凡是主观的作品都必同时是客观的，凡是客观的作品亦必同时是主观的。比如说班婕妤的《怨歌行》：

> 新裂齐纨素，皎洁如霜雪，裁为合欢扇，团团似明月。出入君怀袖，动摇随风发。常恐秋节至，凉飙夺炎热，弃捐箧笥中，恩情中道绝。

她拿团扇自喻，可以说是主观的文学。但是班婕妤在作这首诗时就不能同时在怨的情感中过活，她须暂时跳开切身的情境，看看它像什么样子，才能发现它像团扇。这就是说，她在作《怨歌行》时须退处客观的地位，把自己的遭遇当作一幅画来看。在这一刹那中，她就已经由弃妇变而为歌咏弃妇的诗人了，就已经在实际人生和艺术之中辟出一种距离来了。

再比如说王昌龄的《长信怨》。他以一位唐朝的男子来写一位汉朝的女子，他的诗可以说是客观的文学。但是他在作这首诗时一定要设身处地地想象班婕妤谪居长信宫的情况如何。像班婕妤自己一样，他也是拿弃妇的遭遇当作一幅画来欣赏。在想象到聚精会神时，他达到我们在前面所说的物我同一的境界，霎时之间，他的心境就变成班婕妤的心境了，他已经由客观的观赏者变而为主观的享受者了。总之，主观的艺术家在创造时也要能"超以象外"，客观的艺术家在创造时也要能"得其环中"，像司空图所说的。

文艺作品都必具有完整性。它是旧经验的新综合，它的精彩就全在这综合上面见出。在未综合之前，意象是散漫零乱的；在既综合之后，意象是谐和整一的。这种综合的原动力就是情感。凡是文艺作品都不能拆开来看，说某一笔平凡，某一句警辟，因为完整的全体中各部分都是相依为命的。人的美往往在眼睛上现出,但是也要全体健旺,眼中精神才饱满,不能把眼睛单拆开来,说这是造化的"警句"。严沧浪说过:"汉魏古诗,气象混沌。难以句摘;晋以还始有佳句。"这话本是见道语而实际上又不尽然。晋以还始有佳句,但是晋以还的好诗像任何时代的好诗一样,仍然"难以句摘"。比如《长信怨》的头两句:"奉帚平明金殿开,暂将团扇共徘徊",拆开来单看,本很平凡。但是如果没有这两句所描写的荣华冷落的情境,便显不出后两句的精彩。功夫虽从点睛见出,却从画龙做起。凡是欣赏或创造文艺作品,都要先注意到总印象,不可离开总印象而细论枝节。比如古诗《江南》:

江南可采莲,莲叶何田田!鱼戏莲叶间,鱼戏莲叶东,鱼戏莲叶南,鱼戏莲叶西,鱼戏莲叶北。

单看起来,每句都无特色,合看起来,全篇却是一幅极幽美的意境。这不仅是汉魏古诗是如此,晋以后的作品如陈子昂的《登幽州台歌》:

> 前不见古人，后不见来者。念天地之悠悠，独怆然而涕下。

也是要在总印象上玩味，决不能字斟句酌。晋以后的诗和晋以后的词大半都是细节胜于总印象，聪明气和斧凿痕迹都露在外面，这的确是艺术的衰落现象。

情感是综合的要素，许多本来不相关的意象如果在情感上能调协，便可形成完整的有机体，比如李太白的《长相思》收尾两句说：

> 相思黄叶落，白露点青苔。

钱起的《湘灵鼓瑟》收尾两句说：

> 曲终人不见，江上数峰青。

温飞卿的《菩萨蛮》前阕说：

> 水晶帘里颇黎枕，暖香惹梦鸳鸯锦。江上柳如烟，雁飞残月天。

秦少游的《踏莎行》前阕说：

> 雾失楼台，月迷津渡，桃源望断无寻处。可
> ．．．．　　．．．．　　．．．．．．．．．．．
> 堪孤馆闭春寒，杜鹃声里斜阳暮。
> 　　　　　　　　．．．．．．．

这里加点的字句所传出的意象都是物景，而这些诗词全体原来都是着重人事。我们仔细玩味这些诗词时，并不觉得人事之中猛然插入物景为不伦不类，反而觉得它们天生成的联络在一起，互相烘托，益见其美。这就由于它们在感情上是谐和的。单拿"曲终人不见，江上数峰青"两句诗来说，曲终人杳虽然与江上峰青绝不相干，但是这两个意象都可以传出一种凄清冷静的情感，所以它们可以调和。如果只说"曲终人不见"而无"江上数峰青"，或是只说"江上数峰青"而无"曲终人不见"，意味便索然了。从这个例子看，我们可以见出创造如何是平常的意象的不平常的综合，诗如何要论总印象，以及情感如何使意象整一种种道理了。

　　因为有情感的综合，原来似散漫的意象可以变成不散漫，原来似重复的意象也可以变成不重复。《诗经》里面的诗大半每篇都有数章，而数章所说的话往

往无大差别。例如《王风·黍离》：

> 彼黍离离，彼稷之苗。行迈靡靡，中心摇摇。知我者谓我心忧，不知我者谓我何求！悠悠苍天，此何人哉？

> 彼黍离离，彼稷之穗。行迈靡靡，中心如醉。知我者谓我心忧，不知我者谓我何求！悠悠苍天，此何人哉？

> 彼黍离离，彼稷之实。行迈靡靡，中心如噎。知我者谓我心忧，不知我者谓我何求！悠悠苍天，此何人哉？

这三章诗每章都只更换两三个字，只有"苗"、"穗"、"实"三字指示时间的变迁，其余"醉"、"噎"两字只是为压韵而更换的，在意义上并不十分必要。三章诗合在一块不过是说："我一年四季心里都在忧愁。"诗人何必把它说一遍又说一遍呢？因为情感原是往复低徊、缠绵不尽的。这三章诗在意义上确似重复而在情感上则不重复。

总之，艺术的任务是在创造意象，但是这种意象必定是受情感饱和的。情感或出于己，或出于人，诗人对于出于己者须跳出来视察，对于出于人者须钻进去体验。情感最易感通，所以"诗可以群"。

十二 "从心所欲,不逾矩"
——创造与格律

三、在艺术方面,受情感饱和的意象是嵌在一种格律里面的。

我们再拿王昌龄的《长信怨》来说,在上文我们已经从想象和情感两个观点研究过它,话虽然已经说得不少,但是如果到此为止,我们就不免抹煞了这首诗的一个极重要的成分。《长信怨》不仅是一种受情感饱和的意象,而这个意象又是嵌在调声压韵的"七绝"体里面的。"七绝"是一种格律。《长信怨》的意象是王昌龄的特创,这种格律却不是他的特创。他以前有许多诗人用它,他以后也有许多诗人用它。它是诗人们父传子,子传孙的一套家当。其他如五古、七古、五律、七律以及词的谱调等等也都是如此。

格律的起源都是归纳的,格律的应用都是演绎的。它本来是自然律，后来才变为规范律。

专就诗来说，我们来看格律如何本来是自然的。

诗和散文不同。散文叙事说理，事理是直截了当、一往无余的，所以它忌讳迂回往复，贵能直率流畅。诗遣兴表情，兴与情都是低徊往复、缠绵不尽的，所以它忌讳直率，贵有一唱三叹之音，使情溢于辞。粗略地说，散文大半用叙述语气，诗大半用惊叹语气。

拿一个实例来说，比如看见一位年轻的姑娘，你如果把这段经验当作"事"来叙，你只须说："我看见一位年轻姑娘"；如果把它当作"理"来说，你只须说："她年纪轻所以漂亮。"事既叙过了，理既说明了，你就不必再说什么，听者就可以完全明白你的意思。但是如果你一见就爱了她，你只说"我爱她"还不能了事，因为这句话只是叙述一桩事而不是传达一种情感，你是否真心爱她，旁人在这句话本身中还无从见出。如果你真心爱她，你此刻念她，过些时候还是念她。你的情感来而复去，去而复来。它是一个最不爽快的搅扰者。这种缠绵不尽的神情就要一种缠绵不尽的音节才表现得出。这个道理随便拿一首恋爱诗来看就会明白。比如古诗《华山畿》：

> 奈何许！天下人何限？慊慊只为汝！

这本来是一首极简短的诗，不是讲音节的好例，但是在这极短的篇幅中我们已经可以领略到一种缠绵不尽的情感，就因为它的音节虽短促而却不直率。它的起句用"许"字落脚，第二句虽然用一个和"许"字不协韵的"限"字，末句却仍回到和"许"字协韵的"汝"字落脚。这种音节是往而复返的（由"许"到"限"是往，由"限"到"汝"是返）。它所以往而复返者，就因为情感也是往而复返的。这种道理在较长的诗里更易见出，你把《诗经》中《卷耳》或是上文所引过的《黍离》玩味一番，就可以明白。

韵只是音节中一个成分。音节除韵以外，在章句长短和平仄交错中也可以见出。章句长短和平仄交错的存在理由也和韵一样，都是顺着情感的自然需要。分析到究竟，情感是心感于物的激动，和脉搏、呼吸诸生理机能都密切相关。这些生理机能的节奏都是抑扬相间，往而复返，长短轻重成规律的。情感的节奏见于脉搏、呼吸的节奏，脉搏、呼吸的节奏影响语言的节奏。诗本来就是一种语言，所以它的节奏也随情感的节奏于往复中见规律。

最初的诗人都无意于规律而自合于规律,后人研究他们的作品,才把潜在的规律寻绎出来。这种规律起初都只是一种总结账,一种统计,例如"诗大半用韵","某字大半与某字协韵","章句长短大半有规律","平声和仄声的交错次第大半如此如此"之类。这本来是一种自然律。后来作诗的人看见前人作法如此,也就如法炮制。从前诗人多用五言或七言,他们于是也用五言或七言;从前诗人五言起句用仄仄平平仄,次句往往用平平仄仄平,于是他们调声也用同样的次第。这样一来,自然律就变成规范律了。诗的声韵如此,其他艺术的格律也是如此,都是把前规看成定例。

艺术上的通行的作法是否可以定成格律,以便后人如法炮制呢?

这是一个很难的问题,绝对的肯定答复和绝对的否定答复都不免有流弊。从历史看,艺术的前规大半是先由自然律变而为规范律,再由规范律变而为死板的形式。一种作风在初盛时,自身大半都有不可磨灭的优点。后来闻风响应者得其形似而失其精神,有如东施学西施捧心,在彼为美者在此反适增其丑。流弊渐深,反动随起,于是文艺上有所谓"革命运动"。

文艺革命的首领本来要把文艺从格律中解放出来，但是他们的闻风响应者又把他们的主张定为新格律。这种新格律后来又因经形式化而引起反动。一波未平，一波又起。一部艺术史全是这些推陈翻新、翻新为陈的轨迹。王静安在《人间词话》里所以说：

> 四言敝而有《楚辞》，《楚辞》敝而有五言，五言敝而有七言，古诗敝而有律绝，律绝敝而有词。盖文体通行既久，染指遂多，自成习套，豪杰之士亦难于其中自出新意，故遁而作他体以自解脱。一切文体所以始盛终衰者皆由于此。

在西方文艺中，古典主义、浪漫主义、写实主义和象征主义相代谢的痕迹也是如此。各派有各派的格律，各派的格律都有因成习套而"敝"的时候。

格律既可"敝"，又何取乎格律呢？格律都有形式化的倾向，形式化的格律都有束缚艺术的倾向。我们知道这个道理，就应该知道提倡要格律的危险。但是提倡不要格律也是一桩很危险的事。我们固然应该记得格律可以变为死板的形式，但是我们也不要忘记第一流艺术家大半都是从格律中做出来的。

比如陶渊明的五古，李太白的七古，王摩诘的五律以及温飞卿、周美成诸人所用的词调，都不是出自作者心裁。

提倡格律和提倡不要格律都有危险，这岂不是一个矛盾吗？这并不是矛盾。创造不能无格律，但是只做到遵守格律的地步也决不足与言创造。我们现在把这个道理解剖出来。

诗和其他艺术都是情感的流露。情感是心理中极原始的一种要索。人在理智未发达之前先已有情感；在理智既发达之后，情感仍然是理智的驱遣者。情感是心感于物所起的激动，其中有许多人所共同的成分，也有某个人特有的成分。这就是说，情感一方面有群性，一方面也有个性，群性是得诸遗传的，是永恒的，不易变化的；个性是成于环境的，是随环境而变化的。所谓"心感于物"，就是以得诸遗传的本能的倾向对付随人而异、随时而异的环境。环境随人随时而异，所以人类的情感时时在变化；遗传的倾向为多数人所共同，所以情感在变化之中有不变化者存在。

这个心理学的结论与本题有什么关系呢？艺术是情感的返照，它也有群性和个性的分别，它在变化之中也要有不变化者存在。比如单拿诗来说，四言、五言、七言、古、律、绝、词的交替是变化，而音节的需要则为变化中的不变化者。变化就是创造，不变化就是因袭。把不变化者归纳成为原则，就是自然律。这种自然律可以用为规范律，因为它本来是人类共同的情感的需要。但是只有群性而无个性，只有整齐而无变化，只有因袭而无创造，也就不能产生艺术。末流忘记这个道理，所以往往把格律变成死板的形式。

格律在经过形式化之后往往使人受拘束，这是事实，但是这决不是格律本身的罪过，我们不能因噎废食。格律不能束缚天才，也不能把庸手提拔到艺术家的地位。如果真是诗人，格律会受他奴使；如果不是诗人，有格律他的诗固然腐滥，无格律它也还是腐滥。

古今大艺术家大半都从格律入手。艺术须寓整齐于变化。一味齐整，如钟摆摇动声，固然是单调；一味变化，如市场嘈杂声，也还是单调。由整齐到变化易，由变化到整齐难。从整齐入手，创造的本能和特别情境的需要会使作者在整齐之中求变化以避免单调。从变化入手，则变化之上不能再有变化，本来是求新奇而结果却仍还于单调。

古今大艺术家大半后来都做到脱化格律的境界。他们都从束缚中挣扎得自由,从整齐中酝酿出变化。格律是死方法,全赖人能活用。善用格律者好比打网球,打到娴熟时虽无心于球规而自合于球规,在不识球规者看,球手好像纵横如意,略无牵就规范的痕迹;在识球规者看,他却处处循规蹈矩。姜白石说得好:"文以文而工,不以文而妙。"工在格律而妙则在神髓风骨。

孔夫子自道修养经验说:"七十而从心所欲,不逾矩。"这是道德家的极境,也是艺术家的极境。"从心所欲,不逾矩",艺术的创造活动尽于这七个字了。"从心所欲"者往往"逾矩","不逾矩"者又往往不能"从心所欲"。凡是艺术家都要能打破这个矛盾。孔夫子到快要死的时候才做到这种境界,可见循格律而能脱化格律,大非易事了。

十三 "不似则失其所以为诗，似则失其所以为我"

——创造与模仿

创造与格律的问题之外，还有一个和它密切相关的问题，就是创造与模仿。因袭格律本来就已经是一种模仿，不过艺术上的模仿并不限于格律，最重要的是技巧。

技巧可以分为两项说，一项是关于传达的方法，一项是关于媒介的知识。

先说传达的方法。我们在上文见过，凡是创造之中都有欣赏，但是创造却不仅是欣赏。创造和欣赏都要见到一种意境。欣赏见到意境就止步，创造却要再进一步，把这种意境外射到具体的作品上去。见到一种意境是一件事，把这种意境传达出来让旁人领略又是一件事。

比如我此刻想象到一个很美的夜景，其中园亭、花木、湖山、风月,件件都了然于心,可是我不能把它画出来。我何以不能把它画出来呢?因为我不能动手,不能像支配筋肉一样任意活动。我如果勉强动手,我所画出来的全不像我所想出来的,我本来要画一条直线,画出来的线却是七弯八扭,我的手不能听我的心指使。穷究到底,艺术的创造不过是手能从心,不过是能任所欣赏的意象支配筋肉的活动,使筋肉所变的动作恰能把意象画在纸上或是刻在石上。

这种筋肉活动不是天生自在的,它须费一番功夫才学得来。我想到一只虎不能画出一只虎来,但是我想到"虎"字却能信手写一个"虎"字出来。我写"虎"字毫不费事,但是不识字的农夫看我写"虎"字,正犹如我看画家画虎一样可惊羡。一只虎和一个"虎"字在心中时都不过是一种意象,何以"虎"字的意象能供我的手腕作写"虎"字的活动,而虎的意象却不能使我的手腕作画虎的活动呢?这个分别全在有练习与没有练习。我练习过写字,却没有练习过作画。我的手腕筋肉只有写"虎"字的习惯,没有画虎的习惯。筋肉活动成了习惯以后就非常纯熟,可以从心所欲,意到笔随;但是在最初养成这种习惯时,好比小孩子学走路,大人初学游水,都要跌几跤或是喝几次水,才可以学会。

各种艺术都各有它的特殊的筋肉的技巧。例如写字、作画、弹琴等等要有手腕筋肉的技巧,唱歌、吹箫要有喉舌唇齿诸筋肉的技巧,跳舞要有全身筋肉的技巧(严格地说,各种艺术都要有全身筋肉的技巧)。要想学一门艺术,就要先学它的特殊的筋肉的技巧。

学一门艺术的特殊的筋肉技巧,要用什么方法呢?起初都要模仿。"模仿"和"学习"本来不是两件事。姑且拿写字做例来说。小儿学写字,最初是描红,其次是写印本,再其次是临帖。这些方法都是借旁人所写的字做榜样,逐渐养成手腕筋肉的习惯。但是就我自己的经验来说,学写字最得益的方法是站在书家的身旁,看他如何提笔,如何运用手腕,如何使全身筋肉力量贯注在手腕上。他的筋肉习惯已养成了,在实地观察他的筋肉如何动作时,我可以讨一点诀窍来,免得自己去暗中摸索,尤其重要的是免得自己养成不良的筋肉习惯。

推广一点说,一切艺术上的模仿都可以作如是观。比如说作诗作文,似乎没有什么筋肉的技巧,其实也是一理。诗文都要有情感和思想。情感都见于筋肉的活动,我们在前面已经说过。思想离不开语言,语言离不开喉舌的动作。比如想到"虎"字时,喉舌间都不免起若干说出"虎"字的筋肉动作。这是行为派心理学的创见,现在已逐渐为一般心理学家所公认。诗人和文人常欢喜说"思路",所谓"思路"并无若何玄妙,也不过是筋肉活动走的特殊方向而已。

诗文上的筋肉活动是否可以模仿呢?它也并不是例外。中国诗人和文人向来着重"气"字,我们现在来把这个"气"字研究一番,就可以知道模仿筋肉活动的道理。曾国藩在《家训》里说过一段话,很可以值得我们注意:

> 凡作诗最宜讲究声调,须熟读古人佳篇,先之以高声朗诵,以昌其气;继之以密咏恬吟,以玩其味。二者并进,使古人之声调拂拂然若与我喉舌相习,则下笔时必有句调奔赴腕下,诗成自读之,亦自觉琅琅可诵,引出一种兴会来。

从这段话看,可知"气"与声调有关,而声调又与喉舌运动有关。韩昌黎也说过:"气盛则言之短长与声之高下皆宜。"声本于气,所以想得古人之气,不得不求之于声。求之于声,即不能不朗诵。朱晦庵曾经说过:"韩昌黎、苏明允作文,敝一生之精力,皆从古人声响学。"所以从前古文家教人作文最重朗诵。

姚姬传与陈硕士书说:"大抵学古文者,必须放声疾读,又缓读,只久之自悟。若但能默看,即终身作外行也。"朗诵既久,则古人之声就可以在我的喉舌筋肉上留下痕迹,"拂拂然若与我之喉舌相习",到我自己下笔时,喉舌也自然顺这个痕迹而活动,所谓"必有句调奔赴腕下"。要看自己的诗文的气是否顺畅,也要吟哦才行,因为吟哦时喉舌间所习得的习惯动作就可以再现出来。从此可知从前人所谓"气"也就是一种筋肉技巧了。

关于传达的技巧大要如此,现在再讲关于媒介的知识。

什么叫做"媒介"?它就是艺术传达所用的工具。比如颜色、线形是图画的媒介,金石是雕刻的媒介,文字语言是文学的媒介。艺术家对于他所用的媒介也要有一番研究。比如达·芬奇的《最后的晚餐》是文艺复兴时代最大的杰作。但是他的原迹是用一种不耐潮湿的油彩画在一个易受潮湿的墙壁上,所以没过多少时候就剥落消失去了。这就是对于媒介欠研究。再比如建筑,它的媒介是泥石,它要把泥石砌成一个美的形象。建筑家都要有几何学和力学的知识，才能运用泥石；他还要明白他的媒介对于观者所生的影响，才不至于乱用材料。希腊建筑家往往把石柱的腰部雕得比上下都粗壮些，但是看起来它的粗细却和上下一律，因为腰部是受压时最易折断的地方，容易引起它比上下较细弱的错觉，把腰部雕粗些，才可以弥补这种错觉。

在各门艺术之中都有如此等类的关于媒介的专门知识，文学方面尤其显著。诗文都以语言文字为媒介。作诗文的人一要懂得字义，二要懂得字音，三要懂得字句的排列法，四要懂得某字某句的音义对于读者所生的影响。这四样都是专门的学问。前人对于这些学问已逐渐蓄积起许多经验和成绩，面不是任何人只手空拳、毫无凭借地在一生之内所可得到的。自己既不能件件去发明，就不得不利用前人的经验和成绩。文学家对于语言文字是如此，一切其他艺术家对于他的特殊的媒介也莫不然。各种艺术都同时是一种学问，都有无数年代所积成的技巧。学一门艺术，就要学该门艺术所特有的学问和技巧。这种学习就是利用过去经验，就是吸收已有文化，也就是模仿的一端。

古今大艺术家在少年时所做的功夫大半都偏在模仿。米开朗琪罗费过半生的功夫研究希腊罗马的雕刻，莎士比亚也费过半生的功夫模仿和改作前人的剧本，这是最显著的例。中国诗人中最不像用过功夫的莫过于李太白，但是他的集中摹拟古人的作品极多，只略看看他的诗题就可以见出。杜工部说过："李侯有佳句，往往似阴铿"，他自己也说过："解道长江静如练，令人长忆谢玄晖。"他对于过去诗人的关系可以想见了。

艺术家从模仿入手，正如小儿学语言，打网球者学姿势，跳舞者学步法一样，并没有什么玄妙，也并没有什么荒唐。不过这步功夫只是创造的始基。没有做到这步功夫和做到这步功夫就止步，都不足以言创造。我们在前面说过，创造是旧经验的新综合。旧经验大半得诸模仿，新综合则必自出心裁。

像格律一样，模仿也有流弊，但是这也不是模仿本身的罪过。从前学者有人提倡模仿，也有人唾骂模仿，往往都各有各的道理，其实并不冲突。顾亭林的《日知录》里有一条说：

诗文之所以代变，有不得不然者。一代之

> 文,沿袭已久,不容人人皆道此语。今且千数百年矣,而犹取古人之陈言——而模仿之,以是为诗可乎?故不似则失其所以为诗,似则失其所以为我。

这是一段极有意味的话,但是他的结论是突如其来的。"不似则失其所以为诗"一句和上文所举的理由恰相反。他一方面见到模仿古人不足以为诗,一方面又见到不似古人则失其所以为诗。这不是一个矛盾吗?

这其实并不是矛盾。诗和其他艺术一样,须从模仿入手,所以不能不似古人,不似则失其所以为诗;但是它须归于创造,所以又不能全似古人,全似古人则失其所以为我。创造不能无模仿,但是只有模仿也不能算是创造。

凡是艺术家都须有一半是诗人,一半是匠人。他要有诗人的妙悟,要有匠人的手腕,只有匠人的手腕而没有诗人的妙悟,固不能有创作;只有诗人的妙悟而没有匠人的手腕,即创作亦难尽善尽美。妙悟来自性灵,手腕则可得于模仿。匠人虽比诗人身分低,但亦绝不可少。青年作家往往忽略这一点。

十四 "读书破万卷，下笔如有神"

——天才与灵感

知道格律和模仿对于创造的关系，我们就可以知道天才和人力的关系了。

生来死去的人何只恒河沙数？真正的大诗人和大艺术家是在一口气里就可以数得完的。何以同是人，有的能创造，有的不能创造呢？在一般人看，这全是由于天才的厚薄。他们以为艺术全是天才的表现，于是天才成为懒人的借口。聪明人说，我有天才，有天才何事不可为？用不着去下功夫。迟钝人说，我没有艺术的天才，就是下功夫也无益。于是艺术方面就无学问可谈了。

"天才"究竟是怎么一回事呢？

它自然有一部分得诸遗传。有许多学者常欢喜替大创造家和大发明家理家谱，说莫扎特有几代祖宗会音乐，达尔文的祖父也是生物学家，曹操一家出了几个诗人。这种证据固然有相当的价值，但是它决不能完全解释天才。同父母的兄弟贤愚往往相差很远。曹操的祖宗有什么大成就呢？曹操的后裔又有什么大成就呢？

天才自然也有一部分成于环境。假令莫扎特生在音阶简单、乐器拙陋的蒙昧民族中，也决不能作出许多复音的交响曲。"社会的遗产"是不可蔑视的。文艺批评家常欢喜说，伟大的人物都是他们的时代的骄子，艺术是时代和环境的产品。这话也有不尽然。同是一个时代而成就却往往不同。英国在产生莎士比亚的时代和西班牙是一般隆盛，而当时西班牙并没有产生伟大的作者。伟大的时代不一定能产生伟大的艺术。美国的独立，法国的大革命在近代都是极重大的事件，而当时艺术却卑卑不足高论。伟大的艺术也不必有伟大的时代做背景，席勒和歌德的时代，德国还是一个没有统一的纷乱的国家。

我承认遗传和环境的影响非常重大，但是我相信它们都不能完全解释天才。在固定的遗传和环境之下，个人还有努力的余地。遗传和环境对于人只是一个机会，一种本钱，至于能否利用这个机会，能否拿这笔本钱去做出生意来，则所谓"神而明之，存乎其人"。有些人天资颇高而成就则平凡，他们好比有大本钱而没有做出大生意；也有些人天资并不特异而成就则斐然可观，他们好比拿小本钱而做出大生意。这中间的差别就在努力与不努力了。牛顿可以说是科学家中一个天才了，他常常说："天才只是长久的耐苦。"这话虽似稍嫌过火，却含有很深的真理。只有死功夫固然不尽能发明或创造，但是能发明创造者却大半是下过死功夫来的。哲学中的康德、科学中的牛顿、雕刻图画中的米开朗琪罗、音乐中的贝多芬、书法中的王羲之、诗中的杜工部，这些实例已经够证明人力的重要，又何必多举呢？

最容易显出天才的地方是灵感。我们只须就灵感研究一番，就可以见出天才的完成不可无人力了。

杜工部尝自道经验说："读书破万卷，下笔如有神。"所谓"灵感"就是杜工部所说的"神"，"读书破万卷"是功夫，"下笔如有神"是灵感。据杜工部的经验看，灵感是从功夫出来的。如果我们借心理学的帮助来分析灵感，也可以得到同样的结论。

灵感有三个特征：

一、它是突如其来的，出于作者自己意料之外的。根据灵感的作品大半来得极快。从表面看，我们寻不出预备的痕迹。作者丝毫不费心血，意象涌上心头时，他只要信笔疾书。有时作品已经创造成功了，他自己才知道无意中又成了一件作品。歌德著《少年维特之烦恼》的经过，便是如此。据他自己说，他有一天听到一位少年失恋自杀的消息，突然间仿佛见到一道光在眼前闪过，立刻就想出全书的框架。他费两个星期的工夫一口气把它写成。在复看原稿时，他自己很惊讶，没有费力就写成一本书，告诉人说："这部小册子好像是一个患睡行症者在梦中作成的。"

二、它是不由自主的，有时苦心搜索而不能得的偶然在无意之中涌上心头。希望它来时它偏不来，不希望它来时它却蓦然出现。法国音乐家柏辽兹有一次替一首诗作乐谱，全诗都谱成了，只有收尾一句（"可怜的兵士，我终于要再见法兰西！"）无法可谱。他再三思索，不能想出一段乐调来传达这句诗的情思，终于把它搁起。两年之后，他到罗马去玩，失足落水，爬起来时口里所唱的乐调，恰是两年前所再三思索而不能得的。

三、它也是突如其去的，练习作诗文的人大半都知道"败兴"的味道。"兴"也就是灵感。诗文和一切艺术一样都宜于乘兴会来时下手。兴会一来，思致自然滔滔不绝。没有兴会时写一句极平常的话倒比写什么还难。兴会来时最忌外扰。本来文思正在源源而来，外面狗叫一声，或是墨水猛然打倒了，便会把思路打断。断了之后就想尽方法也接不上来。谢无逸问潘大临近来作诗没有，潘大临回答说："秋来日日是诗思。昨日捉笔得'满城风雨近重阳'之句，忽催租人至，令人意败。辄以此一句奉寄。"这是"败兴"的最好的例子。

灵感既然是突如其来，突然而去，不由自主，那不就无法可以用人力来解释吗？从前人大半以为灵感非人力，以为它是神灵的感动和启示。在灵感之中，仿佛有神灵凭附作者的躯体，暗中驱遣他的手腕，他只是坐享其成。但是从近代心理学发现潜意识活动之后，这种神秘的解释就不能成立了。

什么叫做"潜意识"呢？我们的心理活动不尽是自己所能觉到的。自己的意识所不能察觉到的心理活动就属于潜意识。意识既不能察觉到，我们何以知道它存在呢？变态心理中有许多事实可以为凭。比如说催眠，受催眠者可以谈话、做事、写文章、做数学题，但是醒过来后对于催眠状态中所说的话和所做的事往往完全不知道。此外还有许多精神病人现出"两重人格"。例如一个人乘火车在半途跌下，把原来的经验完全忘记，换过姓名在附近镇市上做了几个月的买卖。有一天他忽然醒过来，发现身边事物都是不认识的，才自疑何以走到这么一个地方。旁人告诉他说他在那里开过几个月的店，他绝对不肯相信。心理学家根据许多类似事实，断定人于意识之外又有潜意识，在潜意识中也可以运用意志、思想，受催眠者和精神病人便是如此。在通常健全心理中，意识压倒潜意识，只让它在暗中活动。在变态心理中，意识和潜意识交替来去。它们完全分裂开来，意识活动时潜意识便沉下去，潜意识涌现时，便把意识淹没。

　　灵感就是在潜意识中酝酿成的情思猛然涌现于意识。它好比伏兵，在未开火之前，只是鸦雀无声地准备，号令一发，它乘其不备地发动总攻击，一鼓而下敌。在没有侦探清楚的敌人（意识）看，它好比周亚夫将兵从天而至一样。这个道理我们可以拿一件浅近的事实来说明。我们在初练习写字时，天天觉得自己在进步，过几个月之后，进步就猛然停顿起来，觉得字越写越坏。但是再过些时候，自己又猛然觉得进步。进步之后又停顿，停顿之后又进步，如此辗转几次,字才写得好。学别的技艺也是如此。据心理学家的实验,在进步停顿时,你如果索性不练习,把它丢开去做旁的事,过些时候再起手来写,字仍然比停顿以前较进步。这是什么道理呢?就因为在意识中思索的东西应该让它在潜意识中酝酿一些时候才会成熟。功夫没有错用的,你自己以为劳而不获,但是你在潜意识中实在仍然于无形中收效果。所以心理学家有"夏天学溜冰,冬天学泅水"的说法。溜冰本来是在前一个冬天练习的,今年夏天你虽然是在做旁的事,没有想到溜冰,但是溜冰的筋肉技巧却恰在这个不溜冰的时节暗里培养成功。一切脑的工作也是如此。

灵感是潜意识中的工作在意识中的收获。它虽是突如其来,却不是毫无准备。法国大数学家潘嘉赉常说他的关于数学的发明大半是在街头闲逛时无意中得来的。但是我们从来没有听过有一个人向来没有在数学上用功夫,猛然在街头闲逛时发明数学上的重要原则。在罗马落水的如果不是素习音乐的柏辽兹,跳出水时也决不会随口唱出一曲乐调。他的乐调是费过两年的潜意识酝酿的。

从此我们可以知道"读书破万卷,下笔如有神"两句诗是至理名言了。不过灵感的培养正不必限于读书。人只要留心，处处都是学问。艺术家往往在他的艺术范围之外下功夫，在别种艺术之中玩索得一种意象，让它沉在潜意识里去酝酿一番，然后再用他的本行艺术的媒介把它翻译出来。吴道子生平得意的作品为洛阳天宫寺的神鬼，他在下笔之前，先请斐旻舞剑一回给他看，在剑法中得着笔意。张旭是唐朝的草书大家，他尝自道经验说："始吾见公主担夫争路，而得笔法之意；后见公孙氏舞剑器，而得其神。"王羲之的书法相传是从看鹅掌拨水得来的。法国大雕刻家罗丹也说道："你问我在什么地方学来的雕刻？在深林里看树，在路上看云，在雕刻室里研究模型学来的。我在到处学，只是不在学校里。"

从这些实例看，我们可知各门艺术的意象都可触类旁通。书画家可以从剑的飞舞或鹅掌的拨动之中得到一种特殊的筋肉感觉来助笔力，可以得到一种特殊的胸襟来增进书画的神韵和气势。推广一点说，凡是艺术家都不宜只在本行小范围之内用功夫，须处处留心玩索，才有深厚的修养。鱼跃鸢飞，风起水涌，以至于一尘之微，当其接触感官时我们虽常不自觉其在心灵中可生若何影响，但是到挥毫运斤时，他们都会涌到手腕上来，在无形中驱遣它，左右它。在作品的外表上我们虽不必看出这些意象的痕迹，但是一笔一划之中都潜寓它们的神韵和气魄。这样意象的蕴蓄便是灵感的培养。它们在潜意识中好比桑叶到了蚕腹，经过一番咀嚼组织而成丝，丝虽然已不是桑叶而却是从桑叶变来的。

十五 "慢慢走,欣赏啊!"
——人生的艺术化

一直到现在,我们都是讨论艺术的创造与欣赏。在收尾这一节中,我提议约略说明艺术和人生的关系。

我在开章明义时就着重美感态度和实用态度的分别,以及艺术和实际人生之中所应有的距离,如果话说到这里为止,你也许误解我把艺术和人生看成漠不相关的两件事。我的意思并不如此。

人生是多方面而却相互和谐的整体,把它分析开来看,我们说某部分是实用的活动,某部分是科学的活动,某部分是美感的活动,为正名析理起见,原应有此分别;但是我们不要忘记,完满的人生见于这三种活动的平均发展,它们虽是可分别的而却不是互相冲突的。"实际人生"比整个人生的意义较为窄狭。

一般人的错误在把它们认为相等，以为艺术对于"实际人生"既是隔着一层，它在整个人生中也就没有什么价值。有些人为维护艺术的地位，又想把它硬纳到"实际人生"的小范围里去。这般人不但是误解艺术，而且也没有认识人生。我们把实际生活看作整个人生之中的一片段，所以在肯定艺术与实际人生的距离时，并非肯定艺术与整个人生的隔阂。严格地说，离开人生便无所谓艺术，因为艺术是情趣的表现，而情趣的根源就在人生；反之，离开艺术也便无所谓人生，因为凡是创造和欣赏都是艺术的活动，无创造、无欣赏的人生是一个自相矛盾的名词。

人生本来就是一种较广义的艺术。每个人的生命史就是他自己的作品。这种作品可以是艺术的，也可以不是艺术的，正犹如同是一种顽石，这个人能把它雕成一座伟大的雕像，而另一个人却不能使它"成器"，分别全在性分与修养。知道生活的人就是艺术家，他的生活就是艺术作品。

过一世生活好比作一篇文章。完美的生活都有上品文章所应有的美点。

第一，一篇好文章一定是一个完整的有机体，其中全体与部分都息息相关，不能稍有移动或增减。一字一句之中都可以见出全篇精神的贯注。比如陶渊明的《饮酒》诗本来是"采菊东篱下，悠然见南山"，后人把"见"字误印为"望"字，原文的自然与物相遇相得的神情便完全丧失。这种艺术的完整性在生活中叫做"人格"。凡是完美的生活都是人格的表现。大而进退取与，小而声音笑貌，都没有一件和全人格相冲突。不肯为五斗米折腰向乡里小儿，是陶渊明的生命史中所应有的一段文章，如果他错过这一个小节，便失其为陶渊明。下狱不肯脱逃，临刑时还叮咛嘱咐还邻人一只鸡的债，是苏格拉底的生命史中所应有的一段文章，否则他便失其为苏格拉底。这种生命史才可以使人把它当作一幅图画去惊赞，它就是一种艺术的杰作。

其次，"修辞立其诚"是文章的要诀，一首诗或是一篇美文一定是至性深情的流露，存于中然后形于外，不容有丝毫假借。情趣本来是物我交感共鸣的结果。景物变动不居，情趣亦自生生不息。我有我的个性，物也有物的个性，这种个性又随时地变迁而生长发展。每人在某一时会所见到的景物，和每种景物在某一时会所引起的情趣，都有它的特殊性，断不容与另一人在另一时会所见到的景物，和另一景物在另一时会所引起的情趣完全相同。毫厘之差,微妙所在。在这种生生不息的情趣中我们可以见出生命的造化。把这种生命流露于语言文字,就是好文章,把它流露于言行风采,就是美满的生命史。

文章忌俗滥,生活也忌俗滥。俗滥就是自己没有本色而蹈袭别人的成规旧矩。西施患心病,常捧心颦眉,这是自然的流露,所以愈增其美。东施没有心病,强学捧心颦眉的姿态,只能引人嫌恶。在西施是创作,在东施便是滥调。滥调起于生命的干枯,也就是虚伪的表现。"虚伪的表现"就是"丑",克罗齐已经说过。"风行水上,自然成纹",文章的妙处如此,生活的妙处也是如此。在什么地位,是怎样的人,感到怎样情趣,便现出怎样言行风采,叫人一见就觉其谐和完整,这才是艺术的生活。

俗语说得好:"惟大英雄能本色",所谓艺术的生活就是本色的生活。世间有两种人的生活最不艺术,一种是俗人,一种是伪君子。"俗人"根本就缺乏本色,"伪君子"则竭力遮盖本色。朱晦庵有一首诗说:"半亩方塘一鉴开,天光云影共徘徊。问渠哪得清如许?为有源头活水来。"艺术的生活就是有"源头活水"的生活。俗人迷于名利,与世浮沉,心里没有

"天光云影",就因为没有源头活水。他们的大病是生命的干枯。"伪君子"则于这种"俗人"的资格之上,又加上"沐猴而冠"的伎俩。他们的特点不仅见于道德上的虚伪,一言一笑、一举一动,都叫人起不美之感。谁知道风流名士的架子之中掩藏了几多行尸走肉?无论是"俗人"或是"伪君子",他们都是生活中的"苟且者",都缺乏艺术家在创造时所应有的良心。像柏格森所说的,他们都是"生命的机械化",只能作喜剧中的角色。生活落到喜剧里去的人大半都是不艺术的。

艺术的创造之中都必寓有欣赏,生活也是如此。一般人对于一种言行常欢喜说它"好看"、"不好看",这已有几分是拿艺术欣赏的标准去估量它。但是一般人大半不能彻底,不能拿一言一笑、一举一动纳在全部生命史里去看,他们的"人格"观念太淡薄,所谓"好看"、"不好看"往往只是"敷衍面子"。善于生活者则彻底认真,不让一尘一芥妨碍整个生命的和谐。一般人常以为艺术家是一班最随便的人,其实在艺术范围之内,艺术家是最严肃不过的。在锻炼作品时常呕心呕肝,一笔一画也不肯苟且。王荆公作"春风又绿江南岸"一句诗时,原来"绿"

字是"到"字,后来由"到"字改为"过"字,由"过"字改为"入"字,由"入"字改为"满"字,改了十几次之后才定为"绿"字。即此一端可以想见艺术家的严肃了。善于生活者对于生活也是这样认真。曾子临死时记得床上的席子是季路的,一定叫门人把它换过才瞑目。吴季札心里已经暗许赠剑给徐君,没有实行徐君就已死去,他很郑重地把剑挂在徐君墓旁树上,以见"中心契合死生不渝"的风谊。像这一类的言行看来虽似小节,而善于生活者却不肯轻易放过,正犹如诗人不肯轻易放过一字一句一样。小节如此,大节更不消说。董狐宁愿断头不肯掩盖史实,夷齐饿死不愿降周,这种风度是道德的也是艺术的。我们主张人生的艺术化,就是主张对于人生的严肃主义。

艺术家估定事物的价值,全以它能否纳入和谐的整体为标准,往往出于一般人意料之外。他能看重一般人所看轻的,也能看轻一般人所看重的。在看重一件事物时,他知道执着;在看轻一件事物时,他也知道摆脱。艺术的能事不仅见于知所取,尤其见于知所舍。苏东坡论文,谓如水行山谷中,行于其所不得不行,止于其所不得不止。这就是取舍恰到好处,艺术化的人生也是如此。善于生活者对于世间一切，也拿艺术的口胃去评判它，合于艺术口胃者毫毛可以变成泰山，不合于艺术口胃者泰山也可以变成毫毛。他不但能认真，而且能摆脱。在认真时见出他的严肃，在摆脱时见出他的豁达。孟敏堕甑，不顾而去，郭林宗见到以为奇怪。他说："甑已碎，顾之何益？"哲学家斯宾诺莎宁愿靠磨镜过活，不愿当大学教授，怕妨碍他的自由。王徽之居山阴，有一天夜雪初霁，月色清朗，忽然想起他的朋友戴逵，便乘小舟到剡溪去访他，刚到门口便把船划回去。他说："乘兴而来，兴尽而返。"这几件事彼此相差很远，却都可以见出艺术家的豁达。伟大的人生和伟大的艺术都要同时并有严肃与豁达之胜。晋代清流大半只知道豁达而不知道严肃，宋朝理学又大半只知道严肃而不知道豁达。陶渊明和杜子美庶几算得恰到好处。

一篇生命史就是一种作品，从伦理的观点看，它有善恶的分别，从艺术的观点看，它有美丑的分别。善恶与美丑的关系究竟如何呢？

就狭义说，伦理的价值是实用的，美感的价值是超实用的；伦理的活动都是有所为而为，美感的活动则是无所为而为。比如仁义忠信等等都是善，问它们何以为善，我们不能不着眼到人群的幸福。美之所以为美，则全在美的形象本身，不在它对于人群的效用（这并不是说它对于人群没有效用）。假如世界上只有一个人，他就不能有道德的活动，因为有父子才有慈孝可言，有朋友才有信义可言。但是这个想象的孤零零的人还可以有艺术的活动，他还可以欣赏他所居的世界，他还可以创造作品。善有所赖而美无所赖，善的价值是"外在的"，美的价值是"内在的"。

不过这种分别究竟是狭义的。就广义说，善就是一种美，恶就是一种丑。因为伦理的活动也可以引起美感上的欣赏与嫌恶。希腊大哲学家柏拉图和亚里士多德讨论伦理问题时都以为善有等级，一般的善虽只有外在的价值，而"至高的善"则有内在的价值。这所谓"至高的善"究竟是什么呢？柏拉图和亚里士多德本来是一走理想主义的极端，一走经验主义的极端，但是对于这个问题，意见却一致。他们都以为"至高的善"在"无所为而为的玩索"（disinterested contemplation）。这种见解在西方哲学思潮上影响极大，斯宾诺莎、黑格尔、叔本华的学说都可以参证。从此可知西方哲人心目中的"至高的善"还是一种美，最高的伦理的活动还是一种艺术的活动了。

"无所为而为的玩索"何以看成"至高的善"呢？这个问题涉及西方哲人对于神的观念。从耶稣教盛行之后，神才是一个大慈大悲的道德家。在希腊哲人以及近代莱布尼兹、尼采、叔本华诸人的心目中，神却是一个大艺术家，他创造这个宇宙出来，全是为着自己要创造，要欣赏。其实这种见解也并不减低神的身分。耶稣教的神只是一班穷叫花子中的一个肯施舍的财主佬，而一般哲人心中的神，则是以宇宙为乐曲而要在这种乐曲之中见出和谐的音乐家。这两种观念究竟是哪一个伟大呢？在西方哲人想，神只是一片精灵，他的活动绝对自由而不受限制，至于人则为肉体的需要所限制而不能绝对自由。人愈能脱肉体需求的限制而做自由活动，则离神亦愈近。"无所为而为的玩索"是唯一的自由活动，所以成为最上的理想。

这番话似乎有些玄妙，在这里本来不应说及。不过无论你相信不相信，有许多思想却值得当作一个意象悬在心眼前来玩味玩味。我自己在闲暇时也欢喜看看哲学书籍。老实说，我对于许多哲学家的话都很怀疑，但是我觉得他们有趣。我以为穷到究竟，一切哲学系统也都只能当作艺术作品去看。哲学和科学穷到极境，都是要满足求知的欲望。每个哲学家和科学家对于他自己所见到的一点真理（无论它究竟是不是真理）都觉得有趣味，都用一股热忱去欣赏它。真理在离开实用而成为情趣中心时就已经是美感的对象了。"地球绕日运行"，"勾方加股方等于弦方"一类的科学事实，和《密罗斯爱神》或《第九交响曲》一样可以摄魂震魄。科学家去寻求这一类的事实，穷到究竟，也正因为它们可以摄魂震魄。所以科学的活动也还是一种艺术的活动，不但善与美是一体，真与美也并没有隔阂。

艺术是情趣的活动，艺术的生活也就是情趣丰富的生活。人可以分为两种，一种是情趣丰富的，对于许多事物都觉得有趣味，而且到处寻求享受这种趣味。一种是情趣干枯的，对于许多事物都觉得没有趣味，也不去寻求趣味，只终日拼命和蝇蛆在一块争温饱。后者是俗人，前者就是艺术家。情趣愈丰富，生活也愈美满，所谓人生的艺术化就是人生的情趣化。

"觉得有趣味"就是欣赏。你是否知道生活，就看你对于许多事物能否欣赏。欣赏也就是"无所为而为的玩索"。在欣赏时人和神仙一样自由，一样有福。

阿尔卑斯山谷中有一条大汽车路，两旁景物极美，路上插着一个标语牌劝告游人说："慢慢走，欣赏啊！"许多人在这车如流水马如龙的世界过活，恰如在阿尔卑斯山谷中乘汽车兜风，匆匆忙忙地急驰而过，无暇一回首流连风景，于是这丰富华丽的世界便成为一个了无生趣的囚牢。这是一件多么可惋惜的事啊！

朋友，在告别之前，我采用阿尔卑斯山路上的标语，在中国人告别习用语之下加上三个字奉赠：

"慢慢走，欣赏啊！"

光　潜

1932 年夏，莱茵河畔

附 录

作者自传

我笔名孟实,1897年9月19日出生于安徽桐城乡下一个破落的地主家庭。父亲是个乡村私塾教师。我从六岁到十四岁,在父亲鞭挞之下受了封建私塾教育,读过而且大半背诵过四书五经、《古文观止》和《唐诗三百首》,看过《史记》和《通鉴辑览》,偷看过《西厢记》和《水浒》之类旧小说,学过写科举时代的策论时文。到十五岁才入"洋学堂"(高小),当时已能写出大致通顺的文章。在小学只待半年,就升入桐城中学。这是桐城派古文家吴汝纶创办的,所以特重桐城派古文,主要课本是姚惜抱的《古文辞类纂》,按教师的传授,读时一定要朗诵和背诵,据说这样才能抓住文章的气势和神韵,便于自己学习作文。我从此就放弃时文,转而摸索古文。我得益最多的国文教师是潘季野,他是一个宋诗派的诗人,在他的熏陶之下,我对中国旧诗养成了浓厚的兴趣。1916年中学毕业,在家乡当了半年小学教员。本想考北京大学,慕的是它的"国故",但家贫拿不起路费和学费,只好就近考进了不收费的武昌高等师范学校中文系。我很失望,教师还不如桐城中学的。除了圈点一部段玉裁的《说文解字注》,略窥中国文字学门径之外,一无所获。读了一年之后,就碰上北洋军阀的教育部从全国几所高等师范学校里考选一批学生到香港大学去学教育。我考取了。从1918年到1922年,我就在这所英国人办的大学里学了一点教育学,但主要的还是学了英国语言和文学,以及生物学和心理学这两门自然科学的一点常识。这就奠定了我这一生教育活动和学术活动的方向。

我到香港大学后不久,就发生了五四运动,洋学堂和五四运动当然漠不相干。不过我在私塾里就酷爱梁启超的《饮冰室文集》,颇有认识新鲜事物的热望。在香港还接触到《新青年》。我看到胡适提倡白话文的文章,心里发生过很大的动荡。我始而反对,因为自己也在"桐城谬种"之列,可是不久也就转过弯来了,毅然决然地放弃了古文和文言,自己也学着写起白话来了。我在美学方面的第一篇处女作《无言之美》就是用白话文写的。写白话文时，我发现文言的修养也还有些用处，就连桐城派古文所要求的纯正简洁也还未可厚非。

香港毕业后，通过同班友好高觉敷的介绍，我结识了吴淞中国公学校长张东荪。应他的邀约，我于1922年夏，到吴淞中国公学中学部教英文，兼校刊《旬刊》的主编。当我的编辑助手的学生是当时还以进步面貌出现的姚梦生，即后来的姚蓬子。在吴淞时代我开始尝到复杂的阶级斗争的滋味。我听过李大钊和恽代英两先烈的讲话。由于我受到长期的封建教育和英帝国主义教育，同左派郑振铎和杨贤江，以及右派中国青年党陈启天、李璜等人都有些往来，我虽是心向进步青年却不热心于党派斗争，以为不问政治，就高人一等。江浙战争中吴淞中国公学被打垮了，我就由上海文艺界朋友夏丏尊介绍，到浙江上虞白马湖春晖中学教英文，在短短的几个月之中我结识了后来对我影响颇深的匡互生、朱自清和丰子恺几位好友。匡互生当时和无政府主义者有些往来，还和毛泽东同志同过学，因不满意春晖中学校长的专制作风，建议改革而没有被采纳，就愤而辞去教务主任职，掀起一场风潮。我同情他，跟他一起采取断然态度，离开春晖中学跑到上海去另谋生路。我和他到了上海之后，夏丏尊、章锡琛、丰子恺、周为群等，也陆续离开春晖中学赶到上海。上海方面又陆续加上叶圣陶、胡愈之、周予同、陈之佛、刘大白、夏衍几位朋友。我们成立了一个立达学会，在江湾筹办了一所立达学园。开办的宗旨是在匡互生的授意之下由我草拟后正式公布的。这个宣言提出了教育独立自由的口号，矛头直接针对着北洋军阀的专制教育。与立达学园紧密联系在一起的还有由我们筹办的开明书店和一种刊物（先叫《一般》，后改名《中学生》）。"开明"是"启蒙"的意思，争取的对象是以中学生为主的青年一代。这家书店就是解放后由叶圣陶在北京主持的青年书店，即中国青年出版社的前身。我把上海的这段经历说详细一点，因为这是我一生的一个主要转折点和后来一些活动的起点。我的大部分著述都是为青年写的，而且是由开明书店出版的。

立达学园办起来之后，我就考取安徽官费留英。1925年夏，我取道苏联赴英，正值苏联执行新经济政策时代，在火车上和苏联人攀谈过，在莫斯科住过豪华的欧罗巴饭店，也在烟雾弥漫、肮脏嘈杂的小酒店里喝过伏特加，啃过黑面包，留下了一些既兴奋而又不很愉快的印象。到了英国，我就进了由香港大学的苏格兰教师沈顺教授所介绍的爱丁堡大学。我选修的课程有英国文学、哲学、心理学、欧洲古代史和艺术史。令我至今怀念的导师有英国文学方面的谷里尔生教授，他是荡恩派"哲理诗"的宣扬者，对英国艾略特"近代诗派"和对理查兹派文学批评都起过显著的影响。哲学导师是侃普·斯密斯教授，研究康德哲学的权威，而教给我的却是怀疑派休谟的《自然宗教的对话》。列宁在《唯物主义和经验批判主义》里还赞许过他。美术史导师布朗老教授用幻灯来就具体艺术杰作说明艺术发展史，课程结束那一天早晨照例请全班学生们吃一餐早点。1929 年在爱丁堡毕业后，我就转入伦敦大学的大学学院，听浅保斯教授讲莎士比亚，对他的繁琐考证和所谓"版本批评"我感到厌烦，于是把大部分功夫花在大英博物馆的阅览室里。伦敦和巴黎只隔一个海峡，所以我同时在巴黎大学注册，偶尔过海去听课，听到该校文学院长德拉库瓦教授讲《艺术心理学》，甚感兴趣，他的启发使我起念写《文艺心理学》。前此在爱丁堡大学时我在心理学研究班里宣读过一篇《悲剧的喜感》论文，颇受心理学导师竺来佛博士的嘉许,劝我以此为基础去进行较深入的研究,于是我起念要写一部《悲剧心理学》,作为博士论文。后来就离开了英国,转到莱茵河畔斯特拉斯堡大学。一则因为那是德国大诗人歌德的母校,地方比较僻静,生活较便宜;二则那地方法语和德语通用,可趁机学习对我的专科极为重要的德语。我的论文《悲剧心理学》是在该校心理学教授夏尔·布朗达尔指导下写成和通过的。

　　在英法留学八年之中,听课、预备考试只是我的一小部分的工作,大部分的时间都花在大英博物馆和学校的图书馆里,一边阅读,一边写作。原因在我一直在闹穷,官费经常不发,不得不靠写作来挣稿费吃饭。同时,我也发现边阅读、边写作是一个很好的学习方法。这样学习比较容易消化,容易深入些。我的大部分解放前的主要著作都是在学生时代写出的。一到英国,我就替开明书店《一般》和后来的《中学生》写稿,曾搜辑成《给青年的十二封信》出版。这部处女作现在看来不免有些幼稚可笑,但当时却成了一种最畅销的书,原因在我反映了当时一般青年小知识分子的心理状况。我和广大青年建立了友好关系,就从这本小册子开始。此后我写出文章不愁找不到出版处。接着我就写出了《文艺心理学》和它的缩写本《谈美》;一直是我心中主题的《诗论》,也写出初稿;并译出了我的美学思想的最初来源——克罗齐的《美学原理》。此外,我还写了一部《变态心理学派别》(开明书店)和一部《变态心理学》(商务印书馆),总结了我对变态心理学的认识。在罗素的影响下,我还写过一部叙述符号逻辑派别的书(稿交商务印书馆,抗日战争中遭火焚掉)。这些科目在现代美学中都还在产生影响。

回国前,由旧中央研究院历史所我的一位高师同班友好徐中舒把我介绍给北京大学文学院长胡适,并且把我的《诗论》初稿交给胡适作为资历的证件。于是胡适就聘我任北大西语系教授。我除在北大西语系讲授西方名著选读和文学批评史之外,还拿《文艺心理学》和《诗论》在北大中文系和由朱自清任主任的清华大学中文系研究班开过课。后来我的留法老友徐悲鸿又约我到中央艺术学院讲了一年《文艺心理学》。

当时正逢"京派"和"海派"对垒。京派大半是文艺界旧知识分子,海派主要指左联。我由胡适约到北大,自然就成了京派人物,京派在"新月"时期最盛，自从诗人徐志摩死于飞机失事之后，就日渐衰落。胡适和杨振声等人想使京派再振作一下，就组织一个八人编委会，筹办一种《文学杂志》。编委会之中有杨振声、沈从文、周作人、俞平伯、朱自清、林徽因等人和我。他们看到我初出茅庐，不大为人所注目或容易成为靶子，就推我当主编。由胡适和王云五接洽，把新诞生的《文学杂志》交商务印书馆出版。在第一期我写了一篇发刊词，大意说诞生中的中国新文化要走的路宜于广阔些，丰富多彩些，不宜过早地窄狭化到只准走一条路。这是我的文艺独立自由的老调。《文学杂志》尽管是京派刊物，发表的稿件并不限于京派，有不同程度左派色彩的作家们如朱自清、闻一多、冯至、李广田、何其芳、卞之琳等人，也经常出现在《文学杂志》上。杂志一出世，就成为最畅销的一种文艺刊物。尽管它只出了两期就因抗日战争爆发而停刊，至今文艺界还有不少的人记得它（不过抗战胜利后复刊，出了几期就日渐衰落了）。

抗日战争爆发后，我就应新任代理四川大学校长的张颐之约，到川大去当文学院长。刚满一年，国民党二陈派就要撤换张颐而任用他们自己的"四大金刚"之一程天放。我立即挥动"教育自由"的旗帜，掀起轰动一时的"易长风潮"。在这场斗争中我得到了中国共产党的支持,沙汀和周文对我很关心,把消息传到延安,周扬立即通过他们两人交给我一封信,约我去延安参观,我也立即回信给周扬同志说我要去。但是当时我根本没有革命的意志,国民党通过我的一些留欧好友力加劝阻,又通过现代评论派王星拱和陈西滢几位旧友把我拉到武汉大学外文系去任教授。这对我是一次惨痛的教训。意志不坚定,不但谈不上革命,就连争学术自由或文艺自由,也还是空话。到了1942年,由于校内有湘皖两派之争,我是皖人而和湘派较友好,王星拱就拉我当教务长来调和内讧。国民党有个老规矩,学校"长字号"人物都必须参加国民党,因此我就由反对国民党转而靠拢了国民党,成了蒋介石的"御用文人",曾为国民党的《中央周刊》写了两年稿子,后来集成两本册子,一是《谈文学》,一是《谈修养》。

1948年冬,我拒绝乘蒋介石派到北京的飞机去台湾,仍留在北大。在建国初思想改造阶段,我是重点对象。我受到很多教育。特别是在参加了文联和全国政协之后,经常得到机会到全国各地参观访问,拿新中国和旧中国对比,我心悦诚服地认识到社会主义是中国所能走的唯一道路。这就决定了我对1957年到1962年的全国性的美学问题讨论的态度。

我在四川时期,以重庆为抗战中基地的全国文联曾选举我为理事。解放后不久我在北京恢复了文联理事的身份。在美学讨论开始前,胡乔木、邓拓、周扬和邵荃麟等同志就已分别向我打过招呼,说这次美学讨论是为澄清思想,不是要整人。我积极地投入了这场论争,不隐瞒或回避我过去的美学观点,也不轻易地接纳我认为并不正确的批判。这次美学大辩论是新中国文艺界的一件大事,就全国来说,它大大提高了文艺工作者和一般青年研究美学的兴趣和热情;就我个人来说,它帮助我认识自己过去宣扬的美学观点大半是片面唯心的。从此我开始认真钻研辩证唯物主义和历史唯物主义。为此,我在年过六十时,还抽暇把俄文学到能勉强阅读和翻译的程度。我曾精选几本马克思主义经典著作来摸索,译文看不懂的就对照四种文字的版本去琢磨原文的准确含义,对中译文的错误或欠妥处作了笔记。同时我也逐渐看到美学在我国的落后状况,参加美学论争的人往往并没有弄通马克思主义,至于资料的贫乏,对哲学史、心理学、人类学和社会学之类与美学密切相关的科学,有时甚至缺乏常识，尤其令人惊讶。因此我立志要多做一些翻译重要资料的工作。原已译过克罗齐的《美学原理》，解放后又陆续译出柏拉图的《文艺对话集》、莱辛的《拉奥孔》，爱克曼辑的《歌德谈话录》以及黑格尔的《美学》三卷。此外还有些译稿或在《文艺理论译丛》中发表过，或已在"四人帮"时代丧失了。

美学讨论从1957年进行到1962年，全部发表过的文章搜集成六册《美学问题讨论集》；我自己发表的文章还另搜集成一个选本，都由作家出版社出版。大约在1962年夏天，党中央一些领导同志在高级党校召集过一次会议，胡乔木同志就这次美学讨论作了总结性的发言，肯定了成绩，也指出了今后努力方向。会议还决定派我在高级党校讲了三个月的美学史。前此北大哲学系已成立了美学组，把我从西语系调到哲学系，替美学组训练一批美学教师，我讲的也是西方美学史。1962年召开的文科教材会议，决定大专院校文科逐步开设美学课，并指定我编一部《西方美学史》。于是我就在前此讲过的粗略讲义和资料译稿的基础上编出两卷《西方美学史》，1963年由人民文学出版社印行。"四人帮"把这部美学史打入冷宫十余年，直到1979年再版。在再版时，我曾把序论和结论部分作了一些修改。这就是解放后我在美学方面的主要著作,缺点仍甚多,特别是我当时思想还未解放,不敢评介我过去颇下过一些功夫的尼采和叔本华以及弗洛伊德派变态心理学,因为这几位在近代发生巨大影响的思想家在我国都戴过"反动"的帽子。"前修未密,后起转精",这些遗漏只有待后起者来填补了。

最近几年我参加了关于形象思维的辩论,还应上海文艺出版社之约,写了一本《谈美书简》通俗小册子。不过我的中心工作还是对马克思主义经典著作的摸索。我重新试译了《费尔巴哈论纲》和《经济学—哲学手稿》中一些关键性的章节,并作了注释和评介,想借此澄清一下"异化"、实践观点、人性论和人道主义、美和美感、唯心与唯物的分别和关系等这些全世界学术界都在关心和热烈争论的问题。这些八十岁以后的译文、札记和论文都搜集在百花文艺出版社出版的《美学拾穗集》里。

今年我已开始抽暇试译维柯的《新科学》。这部著作讨论的是人类怎样从野蛮动物逐渐演变成为文明社会的人,涉及神话和宗教、家族和社会、阶级斗争观点、历史发展观点、美学与语言学的一致性以及形象思维先于抽象思维之类重要问题。全书约四十万字，希望明年内可以译完。再下一步就走着看了。需要做的工作总是做不完的。

1980 年 9 月